戦争というもの

半藤一利

PHP

人間の眼は、
歴史を学ぶことで
はじめて
開くものである。

半藤一利

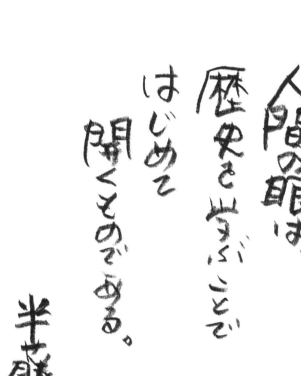

まえがき

数え年という言葉を聞いたことがありますか。わたくしが少年時代、いや大学生になるころまでは数え年で年齢を数えていました。生まれると一つになり、つぎのお正月を迎えると二つになる。これが数え年というものです。たとえば、十二月三十日生まれの子が、二日たってお正月を迎えるとすぐに二つになってしまう。それで当時の親は、娘が十二月末に生まれると、年を越してすぐに二つになるのはふびんだと、出生届けを翌年一月にのばして、一月二日生まれ、三日生まれとしてだすことが多かったのです。

それが変わったのは昭和二十四年（一九四九）五月二十四日に成立した「年齢のとなえ方に関する法律」によって、これからは満年齢で「言い表すのを常とするように心がけなければならない」と決まったからなのです。いまはだれもが満年齢しか使っていませんから、数え年といったってわからないのが当たり前なんです。

実は、そのだれもが使わない数え年でいうと、今年（二〇二〇）の十二月八日は昭和の日本が、アメリカ、イギリス、オランダを敵として戦いをはじめた太平洋戦争開戦八十年の節目に当るんですね。昭和十六年（一九四一）十二月八日がその開戦の日なのです。満で数えれば来年の十二月八日になるのですが、わたくしのように、少年時代を太平洋戦争というこれ以上の悲惨《ひさん》はない体験をした人間にとっては、どうしても数え年で節目の年を数えたくなるのです。

とはいえ、いまの日本では、日本がアメリカと三年八カ月にわたる大戦争をしたことを知らない人がいっぱいいる。かなりの大人のなかにも「それでどっちが勝ったの？」とわたくしに尋《たず》ねる人さえいるのです。あいた口がふさがらないとは、まさにこのこと。情けなくなります。

戦争は真に悲惨なものでした。

わたくし自身は、空襲の猛火と黒煙《こくえん》に追われて川に落ち危うく溺死《できし》寸前という九死に一生の体験をしています。昭和二十年（一九四五）三月十日の、一夜にして十万人もの人が亡《な》くなったいわゆる東京大空襲の被害者の生き残りの一人なのです。

いま思うと、あれは午前三時ごろではなかったか。空襲警報解除のサイレンが鳴ったと記憶していますが、そのときになって、北のほうからも南のほうからも迫ってきた炎の柱から噴きだされた火の塊《かたまり》が、喊声《かんせい》をあげるようにして川べりの小さな広場に集まっていた人々にとりつきだしました。大波のようにとでもいえばいいのか、そう、炎と黒煙が波打つようにガーと人を襲うのです。広場はたちまち阿鼻叫喚《あびきょうかん》の場所となりました。

それは凄惨《せいさん》この上なく、まさに地獄の劫火《ごうか》でした。逃げ場を失って地に身を伏せた人間は、瞬時にして、乾燥しきったイモ俵《だわら》に火がつくように燃え上がる。女性の長い髪の毛は火のついたカンナ屑《くず》のようでありました。背後から押された人々がぽろぽろと川へ落ちていく。わたくしもその一人であったわけです。人間そのものが凶器になっていきます。自分が生きのびるために、人の死などかまっていられない。もうだれもが生きのびることに必死になったのです。戦争とは、そういう非人間的なものなのです。

その戦争の残虐《ざんぎゃく》さ、空《むな》しさに、どんな衝撃を受けたとしても、受けすぎるということはありません。破壊力の無制限の大きさ、非情さについて、いくらでも語りつづけたほうがいい。いまはそう思うのです。戦争によって人間は被害者になるが、同時に傍観者《ぼうかんしゃ》にもなりうるし、加害者になることもある。そこに戦争の恐ろしさがあるのです。

太平洋戦争では、のべ一千万人の日本人が兵士あるいは軍属として戦い、戦死二百四十万人（うち七十パーセントが広義の餓死《がし》でした）。原爆や空襲

東京大空襲後の銀座（写真：近現代PL／アフロ）

や沖縄などで死んだ民間人は七十万人を超えます。戦火で焼かれた家屋は、日本中で合わせて二百四十万戸以上。まさしく本土全体が焼野原となり、万骨《ばんこつ》の空しく枯《か》れたのち、昭和二十年八月十五日に戦争はやっと終結することができたのです。

その惨たる三年八カ月の間に、教訓になるようないい話があるべきはずはない、と思われますが、あながちそうでもない。そんなものはないといい切るのは、人間は歴史から何も学ばないことを告白するにひとしいと考えます。

八月十五日正午の天皇放送を聞き、満目蕭条《まんもくしょうじょう》たる焼け跡の広がりを眺《なが》め、そしてあらためて思ったことは、この戦争で空しく死ななければならなかった人たちのことでありました。多くの生き残った人々がそうであったと思います。太平洋戦争で亡くなった三百二十万の人たちはいまもなお、わたくしたちに語りかけています。すなわち戦争が悲惨、残酷《ざんこく》、そして非人間的であるということを。さらに、空しいということを。

長い〈まえがき〉になりました。九十歳の爺《じい》さんがこれから語ろうとするのは、そんな非人間的な戦争下においてわずかに発せられた人間的ないい言葉ということになります。いや、全部が全部そうではなく、名言とはいえないものもまじりますが、それでもそこから将来のための教訓を読みとることができるでありましょう。むしろ許しがたい言葉にこそ日本人にとって教訓がつまっている。そういう意味で〈戦時下の名言〉と裏返していえるのではないかと思うのです。

二〇二〇年六月

半藤一利

装丁／目次デザイン
小口翔平＋奈良岡菜摘（tobufune）

戦争というもの　もくじ

一《いつ》に平和を
守らんがためである

――山本五十六《いそろく》

日本がアメリカ、イギリスを敵として、なぜ戦争に突入していったのか、これをきちんと語るにはものすごい時間がかかります。といって、要するにコレコレとわかりやすく語れるものでもないのですが、ここでは無理を承知でその簡単明瞭《めいりょう》のほうで語ってしまいます。

司馬《しば》遼《りょう》太郎《たろう》という作家、もう二十四年も前に亡《な》くなってしまいましたが、名前ぐらいはご存じでしょうね。その司馬さんが昭和十六年（一九四一）ごろのこの国のことをわかりやすく書いています。

「現実の日本は、アメリカに絹織物や雑貨を売ってほそぼそと暮らしをたてている国で、機械については他国に売るほどの製品はなかった。地上軍の装備は日露戦争当時に毛がはえた程度の古ぼけたものであった。海軍の場合、石油で艦船《かんせん》がうごく時代になったため、連合艦隊が一カ月も走れる石油はなかった。その石油もアメリカから買っていた。このような国で、大戦争など、おこせるはずがなかったのである」（『風塵抄《ふうじんしょう》』）

これは司馬さんのいうとおりで、当時の日本が輸入している石油の九割以上がアメリカからのものであったのです。そのアメリカとの関係が中国問題をめぐってこじれたことから、昭和十五年（一九四〇）一月に、日米通商航海条約が失効した上で、十六年八月一日には石油の全面的禁輸という強硬な政策をとってきたのです。

これは日本に大いなる衝撃を与えました。とくに司馬さんがいうとおり海軍にとっては、石油がなければ大艦隊をもっていても一カ月で動くことができなくなってしまうわけで、

「油は俺たちの生命だ。その息の根をとめられたら戦争さ」

と海軍中央部幹部の一人がうそぶいた、といいますが、海軍全体はこのときたちまち対米開戦前夜といってもいい雰囲気《ふんいき》に包まれてしまったのです。

太平洋は一気に波立ちました。陸軍も海軍も、政治家も、対米英戦争を公然といいはじめます。マスコミがこれに乗っかって、強硬論で紙面を飾りはじめました。つまり、国民を煽《あお》りはじめる。アメリカから石油が来なくなったら、わが国は四カ月以内に、東南アジアの資源を求めて立ち上がるか、米英に屈服《くつぷく》するしかあるまい、さあ、どっちを選ぶか、と国民の闘志に火をつけるような論説を、どの新聞も毎日のように載せはじめるのです。

たとえば、十月二十六日の東京日日新聞、いまの毎日新聞ですが、社説でこんな風に国民を煽り立てています。

「戦わずして日本の国力を消耗《しようもう》せしめるというのが、ルーズベルト政権の対日政策、対東亜《とうあ》（アジア）政策の根幹であると断じて差支えない時期に、いまや到達している、とわれわれは見る。日本及び日本国民は、ルーズベルト政権のかかる策謀に乗せられてはならない。われらは東条《とうじよう》内閣が毅然《きぜん》としてかかる情勢に善処《ぜんしょ》し、事変完遂《かんすい》・大東亜《だいとうあ》共栄圏《きょうえいけん》を建設すべき最短距離を邁進《まいしん》せんことを、国民と共に希求してやまないのです」

「最短距離」とはつまり、戦争をやれ、ということ。早く起《た》ち上がってガーンとアメリカに一撃を与えろ、ということなのです。それほど八月一日からアメリカが日本への石油輸出を全部止《と》めたということが、決定的なことであったわけです。

開戦直前の、随筆家で芸能人でもある徳川夢聲《とくがわむせい》さんの日記にはこんなことが記されています。昭和十六年十二月四日付です。

「日米会談、相変わらず危機、ＡＢＣＤ包囲陣益々《ますます》強化、早く始まってくれ」

これが、そのころの国民一般の正直な気持ちであったと思います。もう、我慢の限界だと。

とにかくこの年の春からつづいているアメリカとの交渉はさっぱり進まず、石油を禁輸していれば日本がどんな行動（すなわち戦争）をとるかわかっていながら、アメリカは通商航海条約の回復を承知する気はまったくないのです。日本はずいぶんと譲歩して何とか石油禁輸をやめてもらおうと交渉をつづけているのにです。

アメリカ、イギリス、オランダと支那《しな》――ABCD包囲網というのは、アメリカ、ブリティッシュ、チャイナ、ダッチとABCD四つが一緒になって密談して、日本を降参させようと経済的な圧迫を加えている。それに対して日本が誠意をもって交渉しても、いい返事をしてくれない。どんどん圧迫は強くなって、頭にずしんと重いものが乗っかっているような、歯がズキズキ痛んでいるような毎日で、何とかしてくれよと国民は悲鳴をあげはじめていた。もう早くはじまってくれ、一発、ガーンとやっちまえ、と。

こうして歴史の流れは滔々《とうとう》として、だれも止めることのできない激流となっていくのです。アメリカ恐るるに足らず、ガーンと一発、のほうへ人々を押し流していました。

そのガーンとやらねばならないのは海軍なのですが、海軍にとって石油の全面禁輸は、早くいえばアメリカの宣戦布告ともとれたと思います。当時のアメリカの原油の産出量は、日産三百八十四万バレル（約六億千四百四十キロリットル）、日本はわずかに五千二百バレル。アメリカはじつに日本の七百四十倍の原油を産出していました。いいかえると、日本の一年分の産出量を、アメリカは半日で生産することができたのです。

日本は莫大《ばくだい》な量の石油を、これまでアメリカから全面的に輸入し、そして備蓄していました。この備蓄は、陸軍が約百二十万キロリットル、海軍は九百七十万キロリットル、そして民間が七十万キロリットル。貧乏国日本は長年にわたって営々《えいえい》として貯めてきたのです。とりわけ海軍は本気になって貯めました。その量、じつに陸軍の八倍。

それでもいざ戦争となれば、四カ月以内に東南アジアの資源地帯を占領しそこから日本へ運んでこなければ、とても長期戦は戦えないのです。東南アジアの国々はほとんどがイギリスやオランダの植民地となっています。そこへ軍隊を出して資源をとるとなれば、否応《いやおう》なしに戦争に突入せざるを得ません。ＡＢＣＤ包囲陣をズタズタに破って、資源地帯を自分たちのものにするほかはないのですから。

国論が戦争へとまとまりだしたとき、政府と陸海軍部のトップが十一月一日に会議をひらきました。細かく話せばキリがなく長くなるので、そのクライマックスといえるところの問答だけをやさしく書くとこういうことになります。

賀屋興宣《かやおきのり》蔵相「私は米国が戦争をしかけてくる公算は少ないと判断する。結論としていま戦争を決意するのがよいとは思わない」

東郷茂徳《とうごうしげのり》外相「私も米艦隊が攻撃してくるとは思わない。いま戦争をする必要はまったくないと思う」

永野修身《ながのおさみ》軍令部総長（海軍）「来《きた》らざるを恃《たの》むことなかれ、という言葉もある。さきはいっさい不明だ。安心はできないのだ。三年たてば、南の防備（米英蘭の防備）が強くなる。敵艦も増強される。危険だ」

賀屋「しからば、いつ戦争をしたら勝てるというのか」

永野「いま！　戦機はあとに来ない。いまがチャンスなのだ」

海軍全体の最高トップの永野大将の頭のなかには、海軍力が対米七割を保持していれば負けることはない、という日露戦争いらいの海軍伝統の戦略があったのだと思います。いまがその七割を保持しているとき、絶好のチャンスなのだと永野は胸を張ったのです。

こうして大日本帝国は「自存自衛《じそんじえい》を完《まつと》うして大東亜の新秩序を建設するた

め、このさい対米英蘭戦争を決意す」という「国策遂行要領」が決定されます。そして十一月五日の昭和天皇を囲んでの御前会議で、この国策が正式に決定されます。とにかくアメリカとの交渉を続行するが、十一月末日までに交渉が妥結《だけつ》しなければ戦争突入と決まったのです。戦争は事実上この十一月一日の会議のときにはじまったといえると考えられます。

御前会議の決定をうけて、十一月十三日、連合艦隊司令長官山本五十六《いそろく》大将は指揮下にある各艦隊の司令長官と主要幕僚《ばくりょう》を山口県岩国《いわくに》海軍航空隊に集めて、戦争となった場合の最後の打合せの会議を行ないました。午前九時からはじまり、午後三時までという長時間に及び、最後に出席者一同は祝杯をあげ、出陣の記念撮影を行なっています。

やるべきことがすべて終ったとき、山本は全指揮官だけを別室に再度集めました。十二月X日をもって米英に対し戦端をひらくこと、空母六隻《せき》を主力とする機動部隊は千島《ちしま》列島の択捉《えとろふ》島単冠《ひとかっぷ》湾に集結したのち、北方航路をとってハワイに向かうべきこと、そのほか微細な作戦を再確認したのちに、作戦の実施日を確定する暗号電報は「ニイタカヤマノボレ」であると指示しました。

そのあとで、射抜くような眼差《まなざ》しでかれを見上げている全員の顔を、ぐるりとひとわたり見渡して、

「容易ならざる戦争となる。将兵は本職と生死をともにせよ」

と、きっぱりといいました。

「ただし、はっきりいっておく」

と山本はつけ加えました。

「十二月X日をもって、米英に戦端をひらく。X日はいまのところ十二月八日の予定である。しかし、いまワシントンで行なわれている日米交渉が成立したならば、十二月八日の前日の午前一時までに、出動全部隊に即時引揚げを命ずる。その命令を受領したときには、たとえば攻撃隊の発進後であって

昭和16年(1941)11月13日の連合艦隊作戦打合せ後の記念撮影。前列中央が山本五十六、前列右から三人目が南雲忠一、前列右端が井上成美　(写真：毎日新聞社)

もただちに収容し、反転、帰投してもらいたい。何があっても、である」

すると、機動部隊司令長官南雲忠一《なぐもちゆういち》中将が反対の声をあげました。

「それは無理です。敵を目前にして帰ることなどできません。士気にも影響します。そんなこと、実際問題として実行不可能です」
二、三の指揮官が同調してうなずき合い、なかに「出かかった小便は止められません」と下世話なことをいうものもありました。
山本は、一瞬、キッとなった表情をして、かつてない激しい口調でいいました。

「百年兵を養うは何のためだと思っているのか！　一《いつ》に国家の平和を守らんがためである。もしこの命令を受けて帰ってこられないと思う指揮官があるのなら、ただいまより出動を禁止する。即刻辞表を出せ！」

山本がこの戦争に反対であることは幹部の人たちには知れ渡っていましたが、最後の最後まで強い信念で反対しているとは、だれも思っていなかったようです。全指揮官がこの強い言葉にシュンとなって、山本の顔を見守るばかりでした。

それにしても「百年兵を養うは平和を守らんがためである」とは、じつにいい言葉でしょう。いまの日本にもそのまま通用します。自衛隊は文字どおり自衛のための兵力なのです。国家の平和を守るための存在であり、それで営々《えいえい》として陸海空の三自衛隊をこの国は養っているのです。こちらから他国へ攻めていくというようなことがあってはなりません。山本ではありませんが、一に国の平和を守らんがためなのです。

くり返しますが、石油問題一つをとっても、日本は自力でこれをまかなうだけの国力はないのです。資源もないのです。自分に都合のいいようにのみ主観的に状況を判断し、またまた国土を焼野原にしてしまうような愚かなことをしてはならない。山本の言葉はそのことをハッキリといまの日本国民にも語りかけているのです。

ハワイ真珠湾攻撃（写真：近現代PL／アフロ）

現実には、山本の願いも空《むな》しく日米交渉は結局は破綻《はたん》しました。十二月二日午後五時三十分、山本五十六長官の名をもって出動している全艦隊にたいして電報命令が発せられました。

「ニイタカヤマノボレ一二〇八《ヒトフタマルハチ》」

十二月八日、戦争は開始される。「作戦どおりに全軍突撃せよ」ということ。この日の太平洋は終日南からの烈風が吹き荒れていました。

バスに乗り遅れるな

——大流行のスローガン

わたくしは『昭和史』というものすごく厚い本を書きました。読む機会があれば是非《ぜひ》に読んでほしいのですが、そのお終《しま》いのところで、昭和の日本が昭和二十年（一九四五）八月に降伏して太平洋戦争が終結するまでの二十年間、どういう教訓をわたくしたちに残してくれたか、について五つほどわたくしが考えたことを挙げてあります。

「国民的熱狂をつくってはいけない」

というのがその第一なんです。「つくって」ではなく「流されて」が正しいかもしれません。一言でいえば、時の勢いに駆りたてられてはいけないということです。熱狂というのは理性的なものではなく、感情的な産物ですが、戦時下の日本において、なんと日本人は熱狂したことか。マスコミに煽《あお》られ、いったん燃え上がってしまうと、熱狂そのものが権威をもちはじめ、不動のように人々を引っ張ってゆき、押し流していきました。

その熱狂の大きな流れに「バスに乗り遅れるな」というスローガンがあり

ます。いまもあるいは残っていて、ときには「チャンスはいまだぞ、バスに乗り遅れるなよ」などと使うことがあるかもしれませんが、とにかく、結果的にはあとさきや、それが正しいか否《いな》かを考えずに突っ走ることになるわけです。

当時の「バス」は、あっさりいってしまえば、総統ヒトラーが独裁するナチス・ドイツということになります。昭和十五年（一九四〇）五月十日、ドイツは第二次世界大戦を本格化しました。目を見張るような電撃作戦で、それまでの世界史にも例のないほど見事に、英仏蘭の連合軍を撃破しました。

五月十四日にオランダが降伏、十七日にはベルギーの首都ブリュッセルが陥落《かんらく》。フランスの最強の防禦《ぼうぎょ》線マジノラインを突破したドイツ国防軍が、英仏連合軍をドーバー海峡にまで追いつめると、イギリス軍はほうほうの体《てい》で撤退《てったい》し、本国へ逃げ帰りました。なぜかドイツ軍は猛追撃をひかえた。それで助かったのですが、これを「ダンケルクの奇蹟《きせき》」といまはいっております。

六月十四日にはパリが無血占領され、フランスは二十二日に第一次世界大戦勝利の思い出の地コンピェーヌの森で、全面降伏の調印をします。こうしてヨーロッパは完全にドイツが席捲《せっけん》しました。

このドイツの連戦連勝の快進撃に、日本の政界も軍部も、いやマスコミを通じて日本国民も、ただもう感嘆《かんたん》するばかり。ヒトラーの「ヨーロッパに新秩序を完成させる」という豪語に圧倒されて、日本もそのドイツと同盟を結んで、アジアに新秩序を築こうと夢みたいなことを考えるのでした。ときの首相近衛文麿《このえふみまろ》は得意になって「基本国策要綱」をつくって国民に訴えるのです。

世界はいまや歴史的一大転換に際会《さいかい》している。わが国は八紘《はっこう》を一宇《いちう》とする肇国《ちょうこく》の大精神で世界平和をつくる。それにもとづいてアジア新秩序の建設を目指す。そのためにドイツおよびイタリアと軍事同盟を結ぶ、というのが近衛が訴えたことの骨子《こつし》です。

日本国民はこれにすっかりいい気になって乗りました。ナチス・ドイツを友邦《ゆうほう》とみてその快進撃に目をくらまされ、雪崩《なだれ》現象を起こしました。いまこそ東南アジアへの進撃（これを南進といいました）のチャンスだ、と火事場泥棒的な気分が国じゅうを満たしました。これが「バスに乗り遅れるな」の大合唱となり、一日も早く日独伊三国同盟を締結《ていけつ》すべしと、悪化した日米関係を正常化することなどどこ吹く風という状況へと突き進んでいくのでした。

米英にとっては第二次世界大戦を起こしたナチス・ドイツと同盟を結ぶとは、言語道断のことです。日本国民が有頂天《うちょうてん》になって唱えている東亜《とうあ》新秩序は、ヒトラーのヨーロッパ新秩序に呼応する敵対政略として受けとられるだけで、友好回復どころの話ではないのです。

九月二十三日、北部仏印《ふついん》（いまの北ベトナム）への武力進駐（まさに南進

仏印進駐。海防（ハイフォン）市行進の一色部隊
（写真：共同通信社）

開始です）。そして同月二十七日の日独伊三国同盟の締結と、近衛内閣は国民の「バスに乗り遅れるな」の声に押されるようにして、対米英戦争への道を大きく切り拓《ひら》くような政策をつぎつぎに実行していきます。

アメリカも北部仏印進駐にたいしては、屑鉄《くずてつ》の対日輸出全面禁止ときびしい政策で応じてきました。つぎは石油だ、とだれもが予想しました。三国同盟は打開の道を断ち切った最悪の決定でした。バスに乗り遅れなかったために、戦争へのノー・リターン・ポイント（引き返せない点）を踏み越えて、日本はとんでもない道を選ぶことになったのでした。

昭和天皇が『独白録』のなかで、「私が最後まで開戦にノーといったならばたぶん幽閉《ゆうへい》されるか、殺されたかもしれなかった」という意味のことを語っていますが、これもまた時の流れであり、つまりそういう国民的熱狂のなかに、天皇自身もそう考えざるをえない雰囲気《ふんいき》を感じていたということなのでしょうね。

日独伊三国同盟が締結された際の祝賀会
（写真：近現代PL／アフロ）

理想のために
国を滅ぼしては
ならない

――若槻礼次郎《わかつきれいじろう》

日本は譲歩に譲歩を重ねて、アメリカ政府と何とか条約を結び直したいと交渉をつづけていました。その期限も昭和十六年（一九四一）十一月末までとして、いざとなれば戦争に突入する準備を陸海軍がいっぽうでしながら、ワシントンで駐米大使野村吉三郎《きちさぶろう》がアメリカのハル国務長官に、それこそ頭を低く低く下げて譲歩した日本からの条約案を提出したのが十一月二十日。いわば日本政府からの「切り札」といえる、日米交渉の成否をかけた最後の案でした。

その日本案にたいするアメリカ政府の返答が、ハル長官から野村大使に手渡されたのが十一月二十六日。歴史的にはこれを「ハル・ノート」といいますが、早くいえば、日本からの提出案をまったく無視した、強硬そのものの要求を突きつけてきたのです。この「ハル・ノート」を受けとって、東条《とうじょう》英機《ひでき》内閣は「日米開戦もやむなし」と最終的に決意を固めることになるのです。

じつはその前に、日本国民そのものが「早くやれ！」「もはや我慢はできぬ」と政府の尻をさかんに叩《たた》いていました。

ともかくそのころの日本は貧しかった。生活の貧困や労働の過酷《かこく》といったさまざまな不満にじっと耐えていました。いいかえれば大爆発を辛《かろ》うじて抑えることができていたのは、やれば勝てる戦争なんだ、正義の戦争（聖戦）なんだからという戦争観によって、であったと思います。加えるに、新しい戦争にたいする大東亜共栄圏《だいとうあきょうえいけん》の建設という使命感といったものがあったのです。

戦争を望む心理、あるいは好戦的な風潮といっていい雰囲気《ふんいき》が、マスコミの大宣伝もあって日本全体を蔽《おお》っていた。なにしろ少年時代のわたくしのまわりには、勇《いさ》ましい軍国おじさんばかりがいましたからね。こうした使命感と国民感情の後押しをうけて、もう「ハル・ノート」はアメリカからの宣戦布告にひとしいものだと、政府や軍部を駆り立てたのです。

日米交渉中の野村吉三郎駐米大使(左)、コーデル・ハル米国務長官(中央)、来栖三郎特使(右)　　(写真：近現代PL／アフロ)

十一月二十九日、昭和天皇の「重臣たちの意見も聞くように」との意向をうけて、政府と重臣（首相経験者）との懇談会《こんだんかい》がひらかれました。

出席した重臣は、若槻礼次郎《わかつきれいじろう》、岡田啓介《けいすけ》、広田弘毅《ひろたこうき》、近衛文麿《このえふみまろ》、林銑十郎《せんじゅうろう》、平沼騏一郎《きいちろう》、阿部信行《のぶゆき》、米内光政《よないみつまさ》の八名であり、原嘉道《よしみち》枢密院《すうみついん》議長がこれに加わった。政府側からは東条首相兼陸相、嶋田繁太郎《しげたろう》海相、東郷茂徳《とうごうしげのり》外相、賀屋興宣《かやおきのり》蔵相および鈴木貞一《ていいち》企画院総裁が出席。陸海の統帥部《とうすいぶ》からはだれも姿をみせていません。

会議は午前九時半からはじまり、途中で昼食休憩の一時間をはさんで午後四時までつづけられました。

開戦の正式決議（十二月一日の御前会議）を前にして、大日本帝国の運命をきめる重要会議の一つがこの懇談会であったのですが、くわしく語ると、とにかく延々としゃべりつづけなければなりません。これはもう老骨《ろうこつ》には無理なことで、やむなくちょっと面白い発言をひろってきて、それで議論がか

昭和16年(1941)10月18日、東条英機内閣の親任式後の記念撮影。左から二人目が嶋田繁太郎、三人目(後方)が賀屋興宣、七人目が東郷茂徳。前列中央が東条英機、その右隣が鈴木貞一
(写真：近現代PL／アフロ)

なり真剣に戦わされたことを推察してもらいたいと思うのです。

東条首相が長々と、自存自衛《じそんじえい》のために対米英蘭戦争は避けられないとしゃべったあと、東郷外相がこれまでの日米交渉の経過を綿密《めんみつ》に語り、突きつけられた「ハル・ノート」のショックを隠さずに吐露《とろ》し、こう結論していいます。「アメリカがこの最終的通牒《つうちょう》を改めないかぎり、もはや交渉は不可能であります。すなわちアメリカは、対日一戦を辞せずとの考えであると判断せざるをえません」

非戦論者である東郷のこの絶望的な感想を聞いた上で、状況はそこまで危機的になっているのかと一同はア然としつつ、質疑応答に入ります。といっても、情報の量も深さも一般民衆と同じ程度しかえていない重臣たちに、多くを望むのは無理ということになります。そこでさっきいったとおり、真剣な討議から興味深い発言をいくつかひろいだしてみることになるわけなのです。

若槻「わが国民は精神力において心配なきも、物資の方面においてはたして長期戦に堪《た》えられるや否《いな》や、慎重に研究する必要がある。政府の説明では大丈夫とのことであったが、これを私は心配している」

岡田「今日《こんにち》は真に非常の事態に直面せるものと思う。物資の補給能力について十分成算ありや、はなはだ心配である。とくに石油である。先刻来、政府はいろいろと説明しているが、私はどうしても納得できないのであります」

米内「資料をもちませんので具体的な意見は申しあげられませんが、俗語《ぞくご》を使いまして恐れ入りますが、ジリ貧《ひん》を避けんとしてドカ貧にならないように、十分のご注意を願いたいと思います」

平沼や近衛も林も発言しているが、憂《うれ》いの言葉をいうのみで、とくに書くに値《あた》いしない。米内の「ジリ貧を避けんとしてドカ貧にならないよう」という言葉が、とくによく知られていますが、総合すれば、参謀本部の覚書《おぼえがき》が記していることが、いちばん要領をえているものといえるかと思います。

「大体の意向は、対米忍苦《にんく》現状維持を主張するもの三分の二。対米開戦やむなしとするもの三分の一にして、積極開戦は〝ドカ貧〟に陥《おちい》るものにして、現状維持は〝ジリ貧〟なり、〝ジリ貧〟中になんとか策を回すを適当なりと主張するものなり。広田、林、阿部以外は現状維持を進言し、この現状維持論にたいしては総理はいちいち反駁《はんばく》説明し、お上《かみ》（天皇）もご納得ありしものと察せられる。

積極論は広田、林、阿部にして、特に阿部は強硬に主張せり」

ここでも〝ジリ貧〟と〝ドカ貧〟の言葉が使われているけれども、まことに耳に入りやすい俗語であるだけに、その後も利用されることが多く、十一月二十九日の重臣会議といえば、この言葉によって代表されてしまっているわけです。

ところが、じつは、口八丁《くちはっちょう》手八丁の東条首相が重臣を相手に、それに責任上からほかの閣僚の応援をうけて、長時間にわたって滔々《とうとう》とやっている。これに若槻、岡田なんかが負けるものかと反論しているのです。

ジリ貧、ドカ貧といった大ざっぱな俗語で、この会議の万事《ばんじ》をすましてしまうのは、ちょっと残念なものがあるのです。それに、昭和史研究家の数は多いのに、そのことを伝える資料をとりあげる人があまりいなかった。いや、ほとんどゼロにひとしいのです。それで、この懇談会での論戦は、いままで世に出ることなく眠っていた、といっていいのです。

開戦時の外務省アメリカ局長山本熊一《くまいち》の遺稿『大東亜戦争秘史』という小づくりの本がそれで、とくに若槻と東条の真っ向からの論戦は、きちんと後世に語り継いでいかなければならないものと思えるのです。

興味深いところを引用しながら（ときにわかりやすく書き直しながら）少しく感想を交えつつ、わが国の戦争決意にともなう問題点をいくつか書いてみたい。少々むつかしい話になるかもしれませんが。

政府側の説明を聞いたあとの討議で、重臣のなかの長老若槻礼次郎がまず口火《くちび》を切り、政府説明をただした上で、つぎのようにいうあたりから論戦がはじまります。

若槻「話がまとまらぬからとて、ただちに戦争とはなるまい。日米交渉がいろいろ紛糾《ふんきゅう》しているのは、むしろ日本軍の南部仏印《ふついん》進駐のような最近の事態の発展に起因《きいん》しているのではないか。また、日独伊三国同盟問題はどうなのだ」

東条「米国はわが仏印進駐措置《そち》を真にわかっていない。さらに三国同盟についていえば、日本は米国参戦阻止《そし》の目的で結んだが、米国は太平洋の安定を図り大西洋に進まんとする意図があるらしく、したがって同条約の死文化を希望している」

ここで解説を加えますと、南部仏印進駐が対日全面禁油というアメリカの強硬政策を呼んだので、真意のわかっていないのは日本のほうであったのです。また、三国同盟を結んだのは、その効果によってアメリカがヨーロッパの英独戦争へ参加することをさし控《ひか》えざるをえないであろう、せめて本年いっぱい米参戦をとどめうれば、その間にナチス・ドイツは英国を屈服《くっぷく》させて、ヨーロッパ戦争の決着がつくであろう……というのが、昭和十五年（一九四〇）九月の時点での同盟推進派の論理でした。

しかし、それから一年余が経って、結果的には、イギリスの屈服はなく、この近視眼的な戦略観の誤りは明白になっていました。それなのに、十六年十一月末になってもまだペラペラと弁舌《べんぜつ》の達者な東条は、この理屈を主張しているわけです。三国同盟がいわば、戦争の導火線に火をつけた政策であったことが、東条にはわかっていないのです。何たることか、というほかありませんね。

若槻「それでは、交渉が断絶したならば、ただちに戦うつもりなのか」

東条「自存自衛と八紘一宇《はっこういちう》、すなわち東亜諸民族をして、それぞれがその所を得しむる新秩序の建設を妨害《ぼうがい》せられては、大日本帝国としては起《た》たざるをえないのである。今日まで外交交渉打開につとめて大いに自重《じちょう》してきたが、しかし、いまや武力を発動しても営々《えいえい》たる正義の行動たるに恥じないのである」

解説その二。あらためていうまでもないことなんですが、日本の対米英戦争の目的を全世界に明示したものは「開戦の詔勅《しょうちょく》」です。もちろん、日本

国民もこの詔勅を聞かされ読まされて、開戦にいたるまでの経過をはじめてはっきりと理解したのです。ただし、詔勅には、

「帝国ハ今ヤ自存自衛ノ為《ため》蹶然《けつぜん》起《た》ツテ一切ノ障礙《しょうがい》ヲ破砕《はさい》スルノ外《ほか》ナキナリ」

と自存自衛のみが記されていて、もう一つの、東条のいう「東亜新秩序建設のため」のほうは詔勅ではずされているのです。

これはじつに奇妙なことなんです。わが日本が太平洋戦争に突入するために、政府と軍部のトップだけ六名が集まり、十一月十一日にひそかにつくられた「対米英開戦の名目《めいもく》骨子《こつし》」があって、それが戦争目的の基礎になっているはずなのです。それは、

「一、帝国は今や自存自衛の為蹶然起って一切の障礙を破砕するの外なきなり。

二、大東亜の新秩序を建設して永遠の平和を確立し、進んで世界平和に寄《き》

与《よ》せんとするは、帝国不動の国是《こくぜ》であること」

という二カ条なのです。開戦の詔勅にはたしかに（一）はそのまま謳《うた》いあげられています。なのに（二）はスポンと落ちています。まことに奇妙なことでしょう。

しかし、東条は重臣会議ではこの大東亜新秩序を力説しているのです。そこで若槻がそのことをとりあげて、さらに突っ込んだのです。新秩序を建設してその盟主《めいしゅ》たらんと政府はいっているが、そんな夢みたいなことのできる国力はないと、若槻はいい切るのです。

若槻「理論より現実に即してやることが必要でないかと思う。力がないのに、あるように錯覚《さっかく》してはならない。したがって日本の面目《めんもく》を損《そん》じても妥結《だけつ》せねばならないときには妥結する必要があるのではないか。たとえそれが不面目であっても、ただちに開戦などと無謀な冒険はすべきではない」
東条「理想を追うて現実を離るるようなことはせぬ。しかし、何事も理想をもつことは必要である。そうではないか」

これに若槻は強く反駁《はんばく》していいます。

「いや、理想のために国を滅ぼしてはならないのだ」

若槻さんのこの言葉はまことに正しいと思うのです。いつの時代にも通用するまことにいい言葉です。

ところが、政府も軍部も、いわば我不関焉《われかんせず》、そんなことは知ったこっちゃないと、一途《いちず》に開戦への坂道を転げ落ちていきます。できもしないことをさもできるものと夢みて、「いまなら勝てる！」と「理想」ではなく、「勝手な判断」で対米英戦争へと進みはじめたのです。

そして、この国を滅ぼしてしまいました。

大日本は神国なり

——北畠親房《きたばたけちかふさ》

昭和十六年（一九四一）十二月八日午前七時、ラジオがチャイムにつづいて臨時ニュースを流しました。

「帝国陸海軍は本八日未明、西太平洋においてアメリカ、イギリス軍と戦闘状態に入れり」

アナウンサーは神経を張ってこの短い原稿を二度読んだのち、「なお、今後重大な放送があるかもしれませんから、聴取者の皆様にはどうかラジオのスイッチをお切りにならないようお願いします」と結びました。そして都心にはもう、鈴を鳴らして新聞社の号外売りが走りだしていました。こうしてたちまち奇妙に熱っぽい興奮に、国民全体が包みこまれてしまいます。

ＡＢＣＤ（米英支蘭）に包囲された状態のなかで、忍耐《にんたい》の上に忍耐、我慢に我慢を重ねていたわが祖国が、もうギリギリのところで、世界の二大強国を敵としてついに起《た》ちあがった。ガーンとやっつけた。

それは力強く勇《いさ》ましく、しかしある意味では非合理な、わけのわからない感動のほとばしりであったといっていいかもしれません。日中戦争を四年半もつづけた上で、さらに強国米英を敵として戦うことが、なぜか使命であり正義なんだと、国民はひとしく思ったのですから。とにかく、すべてがこの朝から異常になったのです。

実際は、ほんとうに日本中が大興奮の渦《うず》に巻きこまれたのは、この日の夜、午後八時四十五分、ラジオが軍艦マーチとともに驚倒《きょうとう》するような大勝利の報を伝えたあと、といったほうが正確です。このとき、日本中の興奮はまさに絶頂に達したといえるでしょう。日本海軍の機動部隊がハワイの真珠湾《しんじゅわん》を奇襲攻撃して、「現在までに判明せる戦果左の如《ごと》し。戦艦二隻轟沈《せきごうちん》、戦艦四隻大破、大型巡洋艦《じゅんようかん》約四隻大破（以上確実）、ほかに敵飛行機多数を撃墜撃破《げきついげきは》せり。我が飛行機の損害は軽微なり」というのですから、もう国民はバンザイ、バンザイです。

轟沈というはじめて耳にする言葉に、わたくしも思わず拍手喝采《はくしゅかっさい》した覚え

日本海軍航空隊の真珠湾攻撃で炎上する米戦艦アリゾナ。昭和16年（1941）12月8日　（写真：ロイター＝共同）

があります。ラジオは、一分以内に沈んだものを轟沈とよぶ、と解説していました。
　この発表のあとで、内閣情報局次長の奥村喜和男《きわお》という人が獅子吼《ししく》しているのです。

「……神州《しんしゅう》日本は不滅であります。皇国《こうこく》日本は天壌《てんじょう》と共に栄《さか》ゆるのでありま す。（略）八紘《あめのした》を掩《おお》いて一宇《いえ》となす。御稜威《みいつ》のもと、生くるも死するも、ただこれ大君《たいくん》のためであります。君国《くんこく》のためであります。この灼熱《しゃくねつ》の愛国心ある限り、神州は絶対に不滅であります。我に正義の味方あり、我に世界無敵の陸軍あり、海軍あり。米英何ぞ惧《おそ》るるに足らんやであります」
　この情報局次長の演説に、国民の意気は大いに揚《あが》り、ひとしく心をふるわせたものであったことが思い出されます。それほど見事に戦意を煽《あお》りたてるに役立つ言葉に、「神州」がありました。

当時の国民はだれでもが、わが「大日本帝国は神国なり」と信じていたと考えられます。開戦のときにわたくしは小学校五年生、十一歳、そんなに幼くても「神の国」に生まれたのだと、すでに教えられていたように覚えています。

長じて中学二年生になって、この言葉が南北朝時代の南朝の忠臣北畠親房《きたばたけちかふさ》の著書『神皇正統記《じんのうしょうとうき》』の開巻第一行目の言葉であることを教えられました。

世界のどこにもない神の国であるわが国は、アジアの諸国を植民地から解放して、大東亜《だいとうあ》共栄圏《きょうえいけん》を建設して、その盟主《めいしゅ》となる資格をもっているのだ、いいか、お前たちはその神の国の民草《たみくさ》なんだぞ、太平洋戦争はまさにそのためのもの、神の国は絶対に不滅なのである。一億よ、心を一つにして頑張れ、というわけです。

いま考えると、「天祖《あまつみおや》始めて基《もとい》を開き、日神《ひのかみ》長く統《とう》を伝え給《たま》う。我が国のみこの事あり。異朝《いちょう》にはその類《たぐい》無し。この故《ゆえ》に神国というなり」と、そう読まされ教えられていたわけですが、どこまでわかっていたものか。ほんとうは何もわかっていなかったのではないか。さて、どんなものか。わけもわからずただただ聖戦と思いこまされていたものか、はなはだ疑問に思うのですが。

そういえば、あれから二十年くらい経ったと思うのですが、首相をつとめたことのある森喜朗《よしろう》氏が、「わが国は神の国である」といって国民をびっくりさせたことを覚えていますか。

あのとき、わたくしは真から仰天《ぎょうてん》して、それでも森氏はふざけていったのであろうと理解してやることにし、忘れることにしたのです。が、どうもその後の森氏の発言などを参考にしてみると、ふざけとか、口をすべらせてとか、失言とかいうものではなかったようですね。本気で、いまもそう思っ

昭和16年（1941）12月14日、京都御所建礼門前で開かれた米英撃滅大会。旗に「一億」「大東亜」の文字がみえる
（写真提供：毎日新聞社）

ているらしいところが、ちょくちょくその発言にある。

でも、真に、この国はいったいどうなっているのかと思わせられるのは、この森発言はたしかに当時少しく問題化したが、それも一時のことで、たちまちに鎮静《ちんせい》化してしまったことです。あるいは、「神国日本」こそが日本の本質である、神聖なるわが国体を一言で喝破《かっぱ》している、と信じている人がじつは多いのでしょうか。

戦争が終わって満七十五年も経ったのに、いまさら『神皇正統記』でもあるまい。と思いつつも、この国の人々は「世界に冠たる国家」とか、「万世《ばんせい》一系《いっけい》の天皇」とかいう言葉が好きだからな、と思わないでもないのです。歌舞伎《かぶき》芝居の名ぜりふではありませんが、一つのことをくり返し、くり返し、それに酔《よ》っていれば、政治的行動をやっているかのごとく錯覚《さっかく》するようになるものなのです。

政治用の言葉をくり返すことが、目的のための手段の一つにすぎないことを忘れてしまい、かえって固定した名文句《めいもんく》として広くゆき渡らせることになる。神国日本という言葉は、戦争中に国民の心の中にしっかりと喰《く》いこんでいった。しかも、いまの世にもそのまま当てはまるのでしょうか。口調《くちょう》のいい、なめらかな言葉にだまされてはいけないと思うのですよ。

アジアは一つ

――岡倉天心《おかくらてんしん》

昭和十七年（一九四二）七月号の「週刊朝日」に発表された、詩人高村光太郎《たかむらこうたろう》の元気がでるような長い詩があります。肝心《かんじん》なところをあげます。

日本に神々の慮《おもんぱかり》あって
世界を一家の安きに導かうと
あの一発の機微をつかんで
まづアジア解放の端緒《たんしょ》をひらいた

対米英戦争の目的はヨーロッパ列強の植民地となっているアジアの国々の解放、そして独立にあると、そう心から信じていた人々は戦争中にたしかにいたと思います。詩人高村さんは間違いなくその一人であったと思います。この詩のほかにも戦時下において、アジアの諸国民を解放するために、日本人を励ますような強い意思を謳歌《おうか》した詩を、日本の詩人たちはいくつもつくっています。

そのために戦後は、大日本帝国をひとえに讃美《さんび》し、無敵日本軍をやみくもに誇り高く歌いあげ、米英をくそみそに叩《たた》いただけの戦犯詩人さながらに糾弾《きゅうだん》されました。

高村さんのように、本気になってアジア解放のためにアジアの人々のために戦争に向き合い、戦犯視された人はほかにもいることはいました。その数は決して少なくなかったと思います。

しかし、残念ながらほとんどの日本人は、まずアジア諸民族を軽蔑《けいべつ》しきっており、それらの国を欧米列強のかわりに日本が支配する。つまり、大東亜《だいとうあ》共栄圏《きょうえいけん》の名のもとに、大日本帝国がアジアの盟主《めいしゅ》となって支配する、そのための絶好の機会をとらえての戦争と、まことにいい気になっていた、といえます。

そしてそれを証明するように、真珠湾《しんじゅわん》での大勝利のあとをうけて、マレー半島制圧、シンガポール占領、フィリピン諸島占領、インドネシア占領と勝利につぐ勝利。そしてそれら諸国の植民地からの解放・独立をうながすどころか、日本軍が上から軍政を布《し》いて各国の解放の闘士たちを捕えては留置《りゅうち》し、さながら日本の植民地化を促進するように振る舞ったのです。

昭和十七年、十八年と、アジアの国々に軍部がてっぺんにあって圧政を布いて、日本はアジアの諸民族から徹底的に憎まれました。そうとは知らない日本本土の国民たちは、日本人が感謝されているものと思いこみ、そして岡《おか》倉天心《くらてんしん》（本名覚三《かくぞう》）が明治三十六年（一九〇三）に英文で出版した『東洋の理想』の冒頭に書きつけた言葉を胸に刻《きざ》んで、まことにいい調子になっていたのです。

「アジアは一つ」

この本は、アジア十億の民《たみ》の解放を憶《おも》う真剣な心を、大いなる歎《なげ》きの声として吐きだした、じつに胸に染《し》み入る本なのです。

若いころ天心は中国、インド、マレー半島などを歴遊して、アジアの民が植民地の屈辱《くつじょく》にいかに苦しんでいるかを身をもって実感しました。この屈辱に満腔《まんこう》の涙をそそぎ、わが日本のみが辛《かろ》うじて伝統を護持している。その幸せを日本人だけが満喫していないでアジアの民のためにつくすべきであると、天心が大いなる歎きを一つにギュッと凝縮《ぎょうしゅく》させて発したものが、この「アジアは一つ」であったのです。

そうとは理解しなかった戦時下の日本人は、これこそ大東亜共栄圏を象徴している名言だと、まことにいい気になって何かというと「アジアは一つだものな」と口にして、その盟主となることが日本の使命なんだと、そう思いこんでアジアの人々を軽く軽くみて、圧力をかけつづけていたのです。

もし、当時の日本人に、岡倉天心や高村光太郎のように、苦しんでいるアジアの民を自分の苦しみの一つとして、流す涙があったのであれば、戦時下にあれほど傲慢《ごうまん》な、のちのちまで憎悪されるような圧政で、アジアの人々を苦しめることはなかったのに、と思うのです。

過去は決して過去として消えていってしまうものではない。現在にそのまままつながってくるものなのです。そのことをわたくしたちはしっかりと知っておかなければなりません。

タコの遺骨はいつ還《かえ》る

——流行歌「湖畔《こはん》の宿《やど》」の替え歌

太平洋戦争がはじまって、無敵の陸海軍は連戦連勝、ラジオはほとんど連日のように一日じゅう〽守るも攻むるも鋼鉄《くろがね》の……の「軍艦マーチ」と、〽敵は幾万《いくまん》ありとても……の「敵は幾万」をくり返し、威勢のいい大本営《だいほんえい》発表をつぎからつぎへ流していました。鉦《かね》や太鼓《たいこ》や笛のお祭りがつづいているようなものです。

敵は弱いチャンコロ（中国人を軽視した言葉）にあらず、大強国のアメリカとイギリスである、しっかりしなくちゃあかんぞ、と勇《いさ》ましい軍国おじさんに、わたくしたち小学生は毎日のようにハッパをかけられていました。

それで調子にのって、といいますか、いわゆるイタズラ小僧《こぞう》の悪ガキであったわたくしたちは、おっかない軍国おじさんのゲンコツに復讐《ふくしゅう》するかのように、反戦的ないくつもの替え歌をやたらと歌っていました。

だれが、いつ、どんな想《おも》いでつくったものか、すべて皆目《かいもく》わかりません。

それでいてアッという間に日本じゅうにひろまり、ひそかに歌いつづけられました。そこが替え歌のすばらしいところなのです。

昭和十二年（一九三七）七月に日中戦争が始まっていらい、多くの若者が勇ましく出征《しゅっせい》していき、半年もたたないうちに戦死して、遺骨になって無言の凱旋《がいせん》をしてきました。そこにさらに強大な米英を敵とする戦争なのですから、日本国民の多くがこの戦争はいったいほんとうに勝てるのか、と心のうちで憂《うれ》えてもこれは不思議ではありません。警察や憲兵がどんなにきびしく取締《とりし》まろうと、そうした反戦的な、反軍的な替え歌がつぎつぎに生みだされていく。やむを得ないことであったといえましょうか。

それをわれら悪ガキがさかんに歌って、軍国おじさんたちの怒りを大いにかっても、いい気になっていたわけです。

昭和十五年（一九四〇）につくられて、女優高峰三枝子《たかみねみえこ》が歌って大ヒットした「湖畔《こはん》の宿《やど》」という流行歌があります。歌詞もメロディもセンチメンタルな歌です。ところが、これは戦意高揚《こうよう》には役立たないと、内務《ないむ》省がすぐに発売禁止の命令を発しました。

それじゃ歌があまりに可哀想《かわいそう》だ、ということから、その鬱憤《うつぷん》をはらすように、たちまちに替え歌がつくられました。太平洋戦争がはじまった直後のことであったと思います。

これがまた傑作でして、われら悪ガキによって爆発的に、ただし、ひそかに歌われました。警官や熱狂的な軍国おじさんの目と耳をかすめて、音痴《おんち》のわたくしなんかもこの歌だけはいまも歌えるほど、とにかく歌いに歌いまくったものでした。見つかって説教もゲンコツもいくらかは平気の平左《へいざ》で、度胸をつけて歌ったところもあったかもしれません。

〽きのう召されたタコ八が
弾丸《たま》に当って名誉の戦死
タコの遺骨はいつ還る

骨がないから還れない
タコの母さん悲しかろ

いま歌ってみても、よくできた歌だと思います。底知れぬ悲しみがあります。

もちろん、われら悪ガキはこの替え歌には反戦的反軍的な意味がこめられている、と特に意識して歌っていたわけではありません。しかし、軍国おじさんに見つかればどやされることは承知していましたが。

だからといって、隠れてこそこそ歌う、なんてことはまったくありませんでした。われら下町の悪ガキたちは戦時下のきびしさにあまり関係なしに、陽気に仲好《なかよ》く、元気よく毎日を過ごしていたのです。

が、念のため書きますが、戦争どこ吹く風とぜんぜん知らん顔をしていたわけではありません。出征兵士の見送りや、勝利の報を祝っての提灯《ちょうちん》行列や旗行列では大いに張り切って、万歳、万歳と大声をあげていたのです。むしろ、ベエゴマやメンコと同じような遊びの一種、と考えてハシャイでいたのかもしれません。

敗因は驕慢《きょうまん》の一語に尽きる

――草鹿龍之介《くさかりゅうのすけ》

余計なことかもしれませんが、軍部はこの戦争の終結についてどう考えていたのか、についてちょっとふれておきます。

自力で米英を降伏させることなんか金輪際《こんりんざい》できはしない。強大な軍事力を誇るアメリカが戦意を喪失《そうしつ》するのは、ナチス・ドイツがソ連を降伏させたとき、あるいはイギリス本土上陸に成功し、イギリスが和を請《こ》うたとき。このときには、アメリカに対してわが国は栄光ある講和にもちこむことができるであろう、と開戦直前の十一月十五日に政府も軍部も意思が合致して、戦争終結綱領《こうりょう》をまとめあげていたのです。

つまりはナチス・ドイツの勝利を大いにあてにしたのです。他人のフンドシで相撲《すもう》をとるとは、まさにこのこと。

ところが、なんですね。歴史は皮肉そのもので、日本海軍の機動部隊が真《しん》珠湾《じゅわん》であげた大勝利に、日本人が有頂天《うちょうてん》になっているとき、頼みとするドイツ国防軍はモスクワ正面の戦線で、おりからの猛吹雪《もうふぶき》のなかをソ連軍の猛攻撃をうけて惨たる総退却をはじめていたのです。事実として、この戦争でのドイツの勝利が、夢のまた夢と化すことはすでに明白であったのです。

ソ連の降伏も、イギリスの降伏も、もはやあり得ない、そのときに、あり得ないことをかならずあるものとして、大日本帝国は米英蘭との大戦争へと突入していったわけで、いまになると「ああ」と天を仰《あお》いでその愚かさを歎《なげ》くほかはありません。

それにしても、昭和十七年（一九四二）の夏の初めごろ、はたして日本の指導層にそうしたきびしい世界情勢の認識があったのかどうか。これがまことに疑わしいところなのです。

たしかに開戦後の六カ月、〝ナイフでバターを切るようなやさしさ〟で、南方政略作戦は計画そのままに進んでいました。マニラ占領（一月）、シンガポール占領（二月）、ラングーン（現ヤンゴン）占領（三月）、蘭領インドシナ（現インドネシア）のオランダ軍降伏（三月）と、文字どおり連戦連勝です。

結果として、日本の指導層は、いや国民もまた、全アジアの盟主《めいしゅ》として大日本帝国が君臨し、新秩序が建設できると、国力を無視したような大きな夢想にどっぷりひたることになっていたのです。とくに軍部は対米英戦争など朝飯前という驕慢《きょうまん》を抱《いだ》きだします。緒戦《しょせん》の凱歌《がいか》につぐ凱歌で、〝無敵〟の宣伝をみずからが本気になって信じてしまった、というほかはありません。

昭和十七年六月五日の、主力空母四隻《せき》（赤城《あかぎ》、加賀《かが》、蒼龍《そうりゅう》、飛龍《ひりゅう》）が全滅するというミッドウェイ海戦が、戦争の運命を決した戦いであった、といわれるのは、その意味において正しい、というべきでしょう。

この海戦になぜ負けたかについては、戦後いろいろな人がいろいろに書いています。積んでいた魚雷を陸上攻撃機用の爆弾につけ直しているときに、偵察機が敵空母を発見したので、あわてて魚雷にまたつけ直していたところへ攻撃をうけたからで、あと五分あれば無事につけかえて甲板《かんぱん》から飛び立ち、大被害をうけることはなかった、「運命の五分間」であった、などという説がいまも通用していますが、そんなことはありません。「運命の五分間」もへちまもない。機動部隊の南雲《なぐも》司令部は勝ちに驕《おご》りうぬぼれのぼせ、敵の航空母艦はでて来ないものと思いこんでいたのです。

ですから、待ち伏せされているなどとはつゆ思わず、「敵機動部隊の出現を予期して、搭載《とうさい》機の半数を即時出撃可能の態勢にしておくように」という連合艦隊司令部の指示を、あっさりと無視していたのです。はじめから魚雷を放りだして、陸上爆弾にしていたのが実情であったのです。その失態を戦後にごまかすために「運命の五分間」をでっちあげた、それが真相なのです。

昭和三十五年（一九六〇）冬、わたくしは兵庫県宝塚《たからづか》市の郊外に静かな老後を送っている南雲機動部隊の参謀長であった草鹿《くさか》龍《りゅう》之介《のすけ》元中将（当時、少将）にインタビューしました。

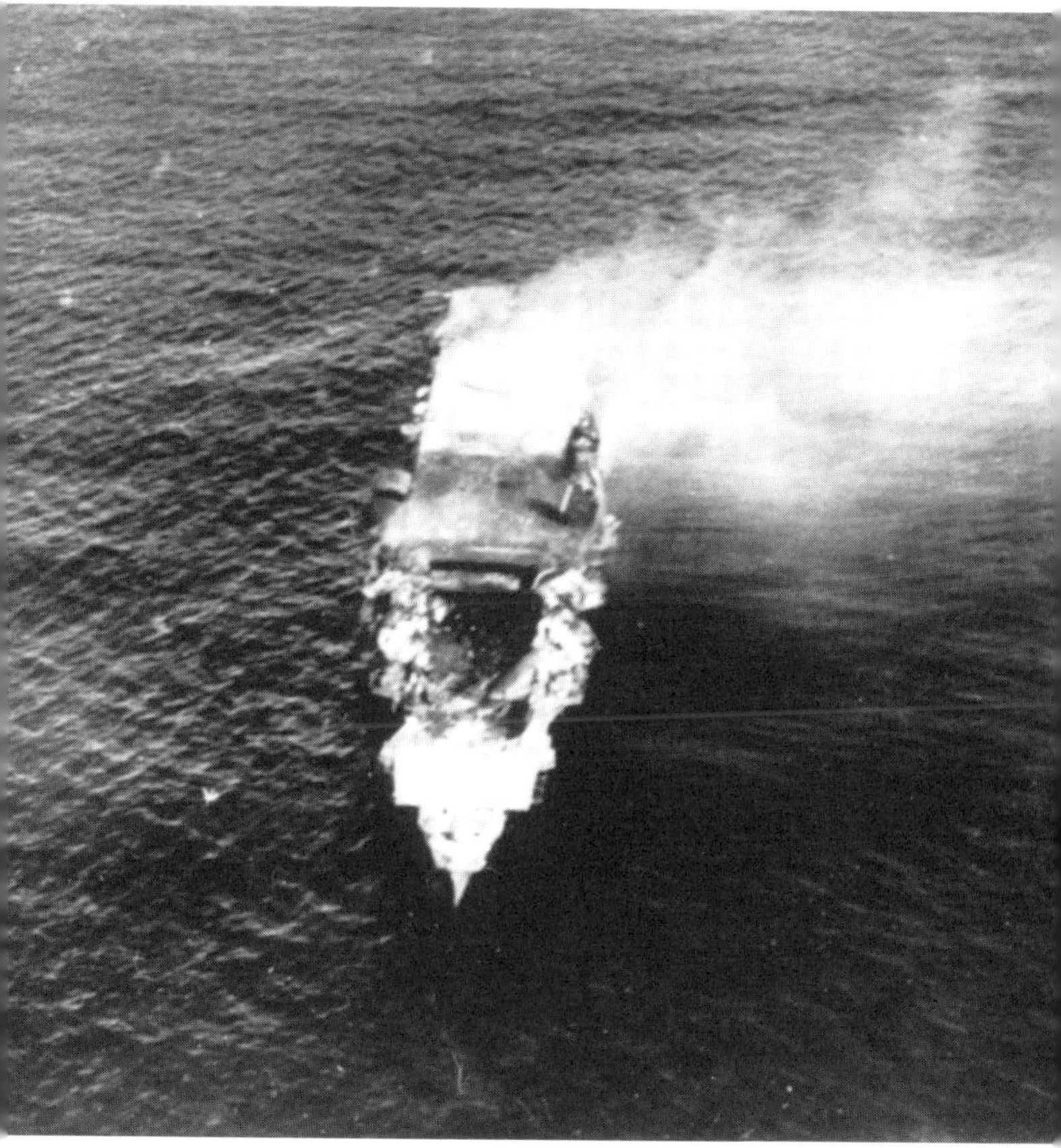

ミッドウェイ海戦で、前部飛行甲板が大破した飛龍。昭和17年(1942)6月5日　(写真：近現代PL／アフロ)

草鹿さんは無念そうにミッドウェイ海戦の経緯《いきさつ》を語ってくれましたが、もちろん「運命の五分間」も魚雷放りだしもなく、淡々《たんたん》とした語りでした。わたくしが「要するに敗戦のいちばんの原因は何であったのですか」と訊ねると、少し口ごもりましたが草鹿はこういったのです。

「敗因は、驕慢の一語に尽きます。それ以外に真の敗因はありません。それまで連戦連勝であったから、すっかりなめていた。これが大敗を招いたのです」

そしてぐっと唇《くちびる》をかみしめました。

戦闘で大敗を喫《きっ》してはじめて、自分たちがいかに敵をなめていたかがわかったのでしょう。

鎧袖一触《がいしゅういっしょく》という言葉があります。ヨロイの袖《そで》にふれただけで相手にもならず、敵は吹っとんでしまうといった意味ですが、南雲機動部隊の将兵はまさに戦う前からそうした意気軒昂《けんこう》の状態にあったのです。開戦いらい、海軍のあげた戦果の八割までを独占し、日本の運命を担《にな》っているのは俺たちだという自負が、いつしか驕慢に変じているのに、将兵たちは気づいていなかったのです。

驕慢ということでいえば、問題はそのあとにあったといえます。日本国民に対してこのミッドウェイ海戦の結果を、日本の指導層はどう発表したのか、ということです。

そうです。じつは、この大敗はいっさい公表されることはありませんでした。それどころか、

「米航空母艦エンタープライズ型一隻およびホーネット型一隻撃沈。彼我《ひが》上空において撃墜《げきつい》せる飛行機約百二十機。わがほうの損害、航空母艦一隻喪失、同一隻大破、巡洋艦《じゅんようかん》一隻大破、未帰還飛行機三十五機」

というのが大本営《だいほんえい》の発表でした。

そして海軍報道部の平出英夫《ひらいでひでお》大佐がラジオで豪語しました。

「刺し違え戦法によって、敵の虎の子である空母の誘出《ゆうしゅつ》、殲滅《せんめつ》が成功したのであります。アメリカは懸命にデマ宣伝を行なっています。それに踊《おど》らされてはなりません。わがほうの損害は軽微なのであります。アメリカの損害はわが公表以上なのであります」

翌日の新聞も、太平洋の戦局はこの一戦に決す、敵のゲリラ戦の企図《きと》はまったく潰《つい》えたり、と報じました。それで国民は海戦を日本海軍の勝利としてうけとり、「どこまで勝ったら気がすむのかなあ」なんて会話をかわしながら、大いに沸《わ》いていたのです。いや、海軍は天皇にも、四隻の空母全滅の敗北であったことを知らせていなかったことが、いまは明らかになっています。

大本営発表がウソの代名詞となるのはこれ以後です。連戦連勝のままに戦争がつづくものと思っていた軍国おじさんたちの顔が、少しずつ曇りがちになりはじめます。「軍艦マーチ」や「敵は幾万」が高鳴って伝えられる戦勝ニュースも少しずつへって、やや控《ひか》え目になっていきました。景気をつけるためには、ウソの大本営発表を連発していくほかはなくなっていったのです。

これ以後の作戦の主導権は、アメリカの手に完全に渡ってしまいました。戦力なきほうが、強者に先手をとられては華々しい抵抗のしようがありません。攻勢は敵の思うままになったのです。そして日本のもっとも恐れていた物量対物量の憂鬱《ゆううつ》な長期戦に、消耗《しょうもう》戦に、否応《いやおう》なく日本は引きこまれていくことになるわけです。

八月のアメリカ軍のガダルカナル島上陸。日本軍の思いもしなかった反攻でした。このあとは、日本軍兵士たちが肉体をもってアメリカ軍の鉄と火と弾丸にぶつかっていく、いわば殺戮《さつりく》がはじまります。悲惨《ひさん》な状況が南の島のあちらこちらで展開されることになりました。しかし、大本営発表は「勝った、勝った」があるのみ。そして大本営陸軍部の『機密戦争日誌』には、

「知らせぬは当局者、知らぬは国民のみ」

と、国民をバカにしたような不敵《ふてき》きわまる言葉が残されているのです。

欲しがりません
勝つまでは

——国民学校五年生の女子

いまから思えば、戦局がおかしくなってきたので国民の士気を鼓舞《こぶ》するため、というねらいがあったのかもしれません。当時は、驕慢《きようまん》の極致《きよくち》にあった国民は、まさかそのためのものとは思いもしませんでした。

秋も深まった昭和十七年（一九四二）十一月十五日、「大東亜《だいとうあ》戦争一周年記念　国民決意の標語」の大募集が行なわれました。朝毎読の三大新聞と大《たい》政翼賛会《せいよくさんかい》が主催し、情報局が後援というもののしさ。

わたくしの通っていた国民学校（小学校）からも、何人かのえらばれた優等生たちが知恵をしぼって応募したようでしたが、全員落選。下町の優等生といったってタカがしれていますから、当然といえば当然のことでした。

しかも、応募総数三十二万人余のうちから、十一月二十七日に各新聞にいっせいに発表された入選作の、しかも最優秀作のように、大々的に伝えられた標語には、ほんとうに地団駄《じだんだ》を踏んで口惜《くや》しがった記憶が残っています。

なぜならば、それは、

「欲しがりません　勝つまでは」

というもので、しかも麻布区《あざぶ》（現港区）笄《こうがい》国民学校五年生の女の子がその作者である、というではありませんか。

「なにッ、五年生のアマッチョが一等だと？　そんなバカな。だれかほかのものが作ったのと違うか」

と、われら六年生の悪ガキは疑いつつも、嘆声《たんせい》をあげました。

「先公《せんこう》（先生）がオレたちにやらせれば、もっとスゲエのを作って、見事に一等賞をもぎとってやったものなのにな」

「先公は人物を見る眼がねえからな」

そう強がってみたものの、先生が悪ガキを指名するはずは毛頭《もうとう》ありません。じつは、ほんとうの作者は少女の父親（天理教布教師）であるとわかったのが、戦後も三十二年もたった昭和五十二年（一九七七）のこと。悪ガキのカンは当っていたことになります。

東京市と大政翼賛会は戦時中、紙芝居や落語などをまじえて貯蓄報国を説く講演会を共催。その壇上に「欲しがりません　勝つまでは」の標語も掲げられていた　（写真提供：朝日新聞社）

なお、ほかの入選作品には、「さあ二年目も勝ち抜くぞ」「頑張れ！　敵も必死だ」「たった今、笑って散った友もある」「理屈言う間に一仕事」「ここも戦場だ」、そしてまた「足らぬ足らぬは工夫が足らぬ」という秀作がありました。

とにかく、この「欲しがりません　勝つまでは」は国民学校五年生作というので爆発的な大人気。銀座といわず、新宿、渋谷、浅草と、盛《さか》り場のあちらこちらにこの標語のポスターが貼りだされました。

その上に、「この標語ではまだまだ足らぬ。もっともっと強く、『欲しがりません、どこまでも』とすべし。勝っても欲しがってはいかん、欲しがるのは米英の思想だ」と、意気も高らかにハッパをかける投書が読売新聞にあったというのです。

さらに作詞山上武夫《やまがみたけお》（「お猿のかごや」の作詞者）、歌手川田正子《かわだまさこ》・孝子《たかこ》姉妹の歌にもなったというのですが、音感ゼロのわたくしのまったく知らないことでした。

それにつけても、いまになってみると、だれもが口にした戦争中の超一等のこの標語は、皮肉この上ないものと思われてなりません。「勝つまでは」というその「勝つ」ことが、大日本帝国にはあり得ないときになって、街じゅうに貼りだされたのです。

いや、そうとわかっていたから政府と軍部の指導層は、山ほどもポスターを刷って日本じゅうに貼りだした、といったほうが正確なのかもしれません。

戦争は陸海軍のみがするものではなく、いまや国家総力戦になっているのです。それゆえに内地《ないち》にあっても、少々のことは「欲しがりません　勝つまでは」で我慢せいとばかりに、戦争指導層はいろいろと手を打たざるを得ないのです。戦争とは、すべてにおいて、ほんとうに大量の消費をともなうものので、日常の物資もなぜかわからない間に店先からさっさと消えていきます。

当時のわが同級生たちは、ほとんどがつぎ当てをした服を着ていました。ズボンの膝《ひざ》や上衣の肱《ひじ》には、母や姉がきれいにきれいにつぎを当て、みっともない格好をさせないように工夫してあります。足らないどころか、できるかぎりの工夫がほどこされていったのです。それこそ「欲しがりません　勝つまでは」そのもの。自由気儘《きまま》なことは許されない、それが国民の直面している戦争というものなのです。

戦争指導者は、その国民とは逆に、欲しいものは強引であろうと無理無体であろうとかまわずに、手に入れようとします。〝欲しがります　勝つためにです。当時の新聞記事から、そのことを如実《にょじつ》に示す、勝つまで国民が我慢せねばならなかった出来事をいくつかひろって、楽しく書いてみます。

昭和十七年十一月七日、鉄道省は行楽や買い出しの旅行制限を実施。つい

でに手荷物の受託《チツキ》停止を通達する（朝日新聞）
十一月十四日、東京市内の梵鐘《ぼんしょう》百五十、半鐘《はんしょう》百五十、正午にいっせいにゴーン、ガーン、ボーン、カンカン。これを名残《なご》りにすべてが供出、当局に回収される（朝日新聞）
十一月二十五日、大阪府内の三千寺院のうち八百四十六寺院の大小の梵鐘が供出と決定。この日の正午に、ここでもいっせいにゴーン、ガーン、ボーン（大阪毎日新聞）

ざっとこんな具合であったのです。とにかく生活はどんどんきびしくなっていきました。そういえば、こんな落書が質屋の塀に大書されていたのが想いだされます。

「足らぬ足らぬは夫《おっと》が足らぬ」

あわてて警防団員や軍国おじさんが雑布《ぞうきん》で、事実を見事にいいあてている悪戯《いたずら》書きを消していましたが、なかなか消えず、ぼんやり眺《なが》めていたわれら悪ガキ一同が「お前たちも手伝え」とたちまち雑布をもたされてしまいました。

しかし、この「工」の一字を消しての「夫が足らぬ」はまことにいい得て妙《みょう》、これぞ現実でした。若者は赤紙（召集《しょうしゅう》令状）一枚でどんどん軍隊へ引っぱられていく。町にはがぜん女子供の姿が多くなります。悪戯書きの悲鳴はあまりにも正しかったのです。

いや、夫ばかりではありません。政府の統制強化で銃後（内地）の生活は、何もかも足らなかったし、先行きはまったく見えなくなりました。まさしく標語どおりに「勝つまでは」なのですが、その可能性がほとんど失われていたのを、多くの日本人は知りませんでした。

ここでまた、さかんに歌った替え歌が思いだされてきました。童謡の「夕《ゆう》焼《やけ》小《こ》焼《やけ》」のそれです。日が暮れて今日はこれでバイバイというときに、手を振りつつ悪ガキ一同で、しきりに合唱したものでした。

〽夕焼小焼で日が暮れない
山のお寺の鐘《かね》鳴らない
戦争はなかなか終わらない
烏《からす》もおうちへ帰れない

烏が出征《しゅっせい》兵士のことであったのはいうまでもありません。兵隊さんは死ぬまで帰れなくなったのです。

太平洋の防波堤と
なるのである

——栗林忠道《くりばやしただみち》

昭和二十年（一九四五）は「特攻の秋《とき》」である、といっていいかと思うのです。戦場も前線も銃後もなく、一億総特攻のスローガンのもと、祖国の明日のためには、これ以外に道はないと、決然と死地に赴《おもむ》く覚悟を日本人はだれもが固めていました。それはほとんど〝神がかり〟の信念といってもいいでしょうか。

そうしたなかば強制された世論を背景に、二月ごろから陸軍は本土決戦による必勝を豪語しはじめました。

二月十九日、参謀本部第一部長宮崎周一《しゅういち》中将が、国民をはげしく叱咤《しった》するようにいいました。

「戦局はいまや本土決戦を要請している。陸軍はガダルカナルの転進いらい、存分に陸戦を行なう機会がなかった。しかし、本土に米軍を迎え撃つことになれば、これこそ陸軍が待望した一大陸戦展開の好機である」

ガダルカナル、アッツ、クェゼリン、ペリリュー、サイパン、テニアンそしてレイテと、いずれも島嶼《とうしょ》戦を戦い、兵力、弾薬や糧食の補給は海軍に依《い》存《ぞん》せねばならず、情けなくも海軍が負けたので、陸軍もまた一敗地に塗《まみ》れざるを得なかった。これまでの敗北は、海軍がだらしなかったためなのである、と宮崎中将はあからさまにいうのです。

建軍いらい七十年の伝統を誇る帝国陸軍は、狭い島より、広大な原野において、数個師団が正面からぶつかり合う本格的な陸上決戦を本意とする。そう宮崎中将は自信たっぷりにいい切りました。

これを国民はとにかく信じこむことにして、胸を張って一億総特攻をだれもが大声でとなえだすのです。死してのち已《や》むの精神です。

この第一部長や国民の夢想をあざ嗤《わら》うかのように、同じ二月十九日、米海兵師団七万五千人が日本本土の表玄関ともいうべき小笠原《おがさわら》諸島の硫黄島《いおうとう》への上陸作戦を開始しました。日本本土から千二百キロ南にある孤島、しかし足の遅い輸送機でも三時間でゆける要地です。

おいおい、いくら何でも話が飛びすぎだよ、と読者諸兄姉に叱《しか》られそうですが、昭和十八年（一九四三）二月のガダルカナル撤退《てったい》のあと、戦況は悪化の一途《いっと》をたどるだけで、教訓となるような名言は残念ながら見当りません。お叱りを覚悟でやむなく昭和二十年まで、二年間をふっ飛ばしてしまう不様《ぶざま》なことになる。お許しを願うほかはないのです。

さて、その硫黄島防衛の指揮をとるのは栗林忠道《くりばやしただみち》陸軍中将（戦死後、大将）です。かれの指揮下にあって、大隊長として硫黄島で戦って生きのびた藤原環《たまき》少佐の回想があります。昭和十九年（一九四四）夏のある日、幹部召集《しょうしゅう》の会同があり、そのときに栗林はこういったというのです。

「本島は皇土《こうど》の一部である。もし本島が占領されるようなことがあったとしたら、皇土決戦は成りたたない。したがって、もし本島への米軍の上陸がはじまったならば、大本営《だいほんえい》としても陸・海・空の残存兵力を投入して支援し、本島への上陸は断じて食いとめる、との約束をしている。すなわち、われわれは太平洋の防波堤となるのである。本島の防衛はすなわち、本土の防衛と考えねばならぬ」

栗林に確約するほどに、陸軍中央部は硫黄島を本土防衛のための要地とはじめはみなしていたわけです。とはいえ大本営は栗林の言葉にあるように、いざとなったときには「残存兵力を投入して……」という保証をほんとうにしていたかどうか、いまとなっては確認のしようもないのですが。

ともあれ、硫黄島では、栗林忠道中将指揮の第百九師団を主力に、陸軍部隊一万五千五百人、海軍部隊七千五百人が、七万五千人の米上陸部隊を迎え撃ったのです。

作戦敢行前に、上陸部隊の指揮官ホーランド・スミス中将が「作戦は五日間で完了する」と高言しました。米軍の攻撃は、それはそれはすさまじいも

硫黄島上空の米軍機B24。日本軍は激しい対空砲火で応戦。
（写真：近現代PL／アフロ）

のであったのです。

上陸開始前の艦砲射撃、航空機による爆撃をみれば、その状況は容易に推察できます。面積約二十平方キロメートルの小さな島は、まったく緑の見えぬほど焼けただれました。

空から叩《たた》きこまれた爆弾百二十トン、ロケット弾二千二百五十発、海からの砲弾三万八千五百発。島にはもはや生物は存在しないと思われるほどの猛攻のあと、海兵第三、第四、第五師団が上陸してきたのです。

しかし、二月十九日朝の上陸開始から、栗林中将が最後の突撃を命令した三月二十六日夜明けまで、戦闘は一瞬の休止もなくつづきます。日本の守備隊は、縦横《じゅうおう》に地下道で通じ合った洞窟《どうくつ》陣地にこもって、不屈の闘志でねばりにねばって戦いました。五日で陥落《かんらく》どころの話ではありません。

アメリカの従軍記者が書いています。

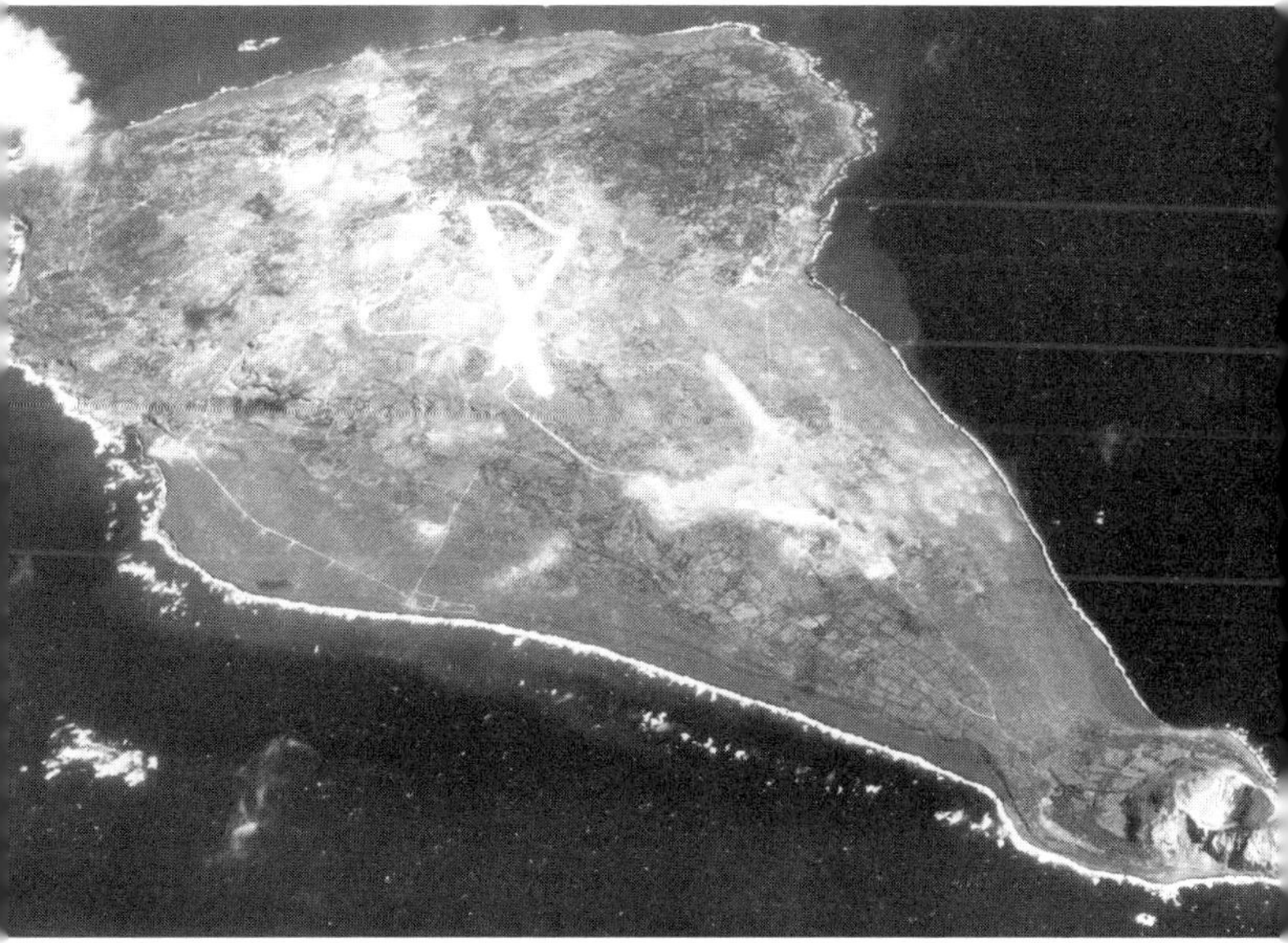

太平洋戦争中の硫黄島の航空写真（写真：AP／アフロ）

「日本兵はなかなか死ななかった。地下要塞にたてこもった兵士を沈黙させるためには、何回も何回も壕《ごう》を爆破しなければならなかった。……ある海兵隊の軍曹は、一人の日本兵を殺すのに二十一発の弾丸を射たねばならなかった」

米軍の損害は死傷二万五千八百五十一名。上陸した海兵隊員の三人に一人が戦死または負傷したことになります。日本軍の死傷者は二万数百人（うち戦死一万九千九百人）。太平洋戦争で、ガダルカナルへの米軍の反攻開始から硫黄島占領までに、その損害が日本軍を上まわったのは、この硫黄島の戦いだけであったのです。いかに日本軍が勇戦力闘したかがよくわかります。

そして、三月十五日になって、洞窟にこもる日本軍の抵抗戦はさすがにバラバラとなり、はじめて星条旗が硫黄島の全土にひるがえった、といわれています。が、「われら敵十人を斃《たお》さざれば死すとも死せず」という栗林の訓

硫黄島で戦った第109師団の指揮官たち。中央が栗林忠道
（写真：近現代PL／アフロ）

示を守った日本軍の反撃は、なおつづけられていました。
翌十六日、ついに一兵の救援も送ってこなかった大本営へ、もはやこれまでと、栗林は訣別《けつべつ》の電文を送ります。これがじつにいい文章なのですが、いささか長すぎるので、ここではいちばんいいところだけを引用します。

「……今ヤ弾丸尽キ水涸《か》レ　全員反撃シ最後ノ敢闘ヲ行ハントスルニ方《あた》リ熟々皇恩《つらつらこうおん》ヲ思ヒ　粉骨砕身《ふんこつさいしん》モ亦悔《またく》イズ　特ニ本島ヲ奪還セザル限リ皇土永遠ニ安カラザルニ思ヒ至リ　縦《たと》ヒ魂魄《こんぱく》トナルモ誓《ちか》ツテ皇軍ノ捲土重来《けんどちょうらい》ノ魁《さきがけ》タランコトヲ期ス……」

さらにその翌十七日、師団司令部洞窟内の全員はコップ一杯の酒と恩賜《おんし》の煙草《たばこ》二本で、たがいに今生《こんじょう》の別れを告げました。そして最後の訓示を、栗林は淡々としてのべたのです。

「たとえ草を喰《は》み、土を齧《かじ》り、野に伏《ふ》すとも、断じて戦うところ、死中おのずから活《かつ》あるを信じています。ことここに至っては一人百殺、これ以外にありません。本職は諸君の忠誠を信じている。私のあとに最後までつづいてください」

最後の突撃は三月二十六日未明に敢行されました。栗林自身も白だすきをかけ、軍刀をかざし、「進め、進め」と先頭に立って、華々しく散っていったのです。大本営が約束を破って一兵の援軍も送らなかったことにたいするうらみ言は、ついにただの一言もありませんでした。まさに〝死力をつくして〟という言葉どおりの奮戦力闘でした。

いまになると、事実は明らかになっています。陸軍中央部は硫黄島防衛をとうの昔に放棄して、もうこのときは視線は日本本土の防衛にのみ向けられていました。

二月二十二日、三日間にわたる大論議ののちに「本土決戦完遂《かんすい》基本要綱《ようこう》陸軍案」を決定しました。それは本土防衛の戦備を三月末までに三十一個師団に、七月末までに四十三個師団、八月末までに五十九個師団にまで拡大動員する、という無茶苦茶なものでした。

参謀本部参謀次長の秦彦三郎《はたひこさぶろう》中将が叱咤するようにいいます。

「本土決戦というのは、あらゆる手段を講じてでも、敵上陸部隊の第一波を撃砕《げきさい》するにある。もしこれに失敗したら、その後の計画は不可能になる。あとのことは考えない。とにかく全兵力を投入して人海戦術で、敵第一陣を完全に撃砕することだけが最重要なのである。全軍特攻である」

そのための、人柱としての百五十万人の大動員なのです。国民生活、生産、行政などの要因を勘案《かんあん》すれば、ぎりぎり四個師団（約十万）というのが、すでに決まっていた昭和二十年度の動員計画でした。それを十五倍にせよという要求を、参謀本部が突きつけてきたわけです。

まさしく「十二、三歳の少女に子供を産めというに等しい」（『機密戦争日誌』）大動員であって、これが実行されたら日本全国に赤紙がバラまかれ、村にはほとんど年寄りと女性と子供だけという状態になってしまいます。そんなバカげたことを考えている大本営が、硫黄島に注目すべくもなかったことは、もうあまりにも明らかでした。

栗林中将の「太平洋の防波堤となる」作戦計画など、おそらく陸軍中央部がかりに知っていたとしても、「それどころじゃないのだ」と一笑に付したと思います。負傷して動けなくなったために捕虜《ほりよ》となった将兵は千三十三人、あとは全将兵戦死という硫黄島の頑強な戦闘の意義はどこにあったのでしょうか。

武士道というは
死ぬ事と見付けたり

――山本常朝《つねとも》

それは、マリアナ諸島（サイパン、テニアン、グァム）から飛来した爆撃機Ｂ29（超空の要塞といいました）の東京空襲が、いよいよ本格化した昭和十九年（一九四四）十一月下旬からであったように記憶しています。年が明けて二月から本土決戦が大きな活字で新聞紙上に書きだされたときには、もう身のまわりにはそうした言葉が、充満していたといってよかった。

わたくしは当時、旧制中学二年生、四月から三年生へと進級するのですが、いまどきの中学三年生よりいくらか大人びていたと思います。が、じつはいわれていることがわかっていたのか、まったく珍紛漢紛《ちんぷんかんぷん》であったのか、さてさて、どうであったのでしょうか。

それは「武士道」というものでした。あるいは「死は鴻毛《こうもう》よりも軽し」、あるいは「不惜身命《ふしやくしんみよう》」などという言葉とともに、「武士道というは死ぬ事と見付けたり」というおごそかな言葉を徹底的に教えこまれました。

すなわち死して悠久《ゆうきゆう》の大義に生きる、という武士道の窮極《きゆうきよく》の極意なのです。武士道における生命とは、単なる個人の生命ではなく、悠久の国家の生命をつなぐ長い鎖のなかの一環として、おのれの生命を位置づけねばならぬのである、とコンコンと教え諭《さと》されたわけなのです。

中学生には、いささか理解不可能と思ったのでしょうか。教師は、わからんなら、もういっぺんいう。いいか、日本人の死というのは、光輝《こうき》ある民族精神（大和魂《やまとだましい》）の継承という尊いものがふくまれておる。先祖から受けついだ高貴な遺産の上に、さらになにがしかの意義あるものを加え、それを子孫に譲り渡す、その崇高《すうこう》な任務を果たすための死と思えば、何事かある、死は恐るるに足らずだ。死して悠久の大義に生きるとは、ざっとそういうことなのである……。

いま思いだしながら書いているのですが、当時はムニャムニャの理解であったのではないか。そう考えられますが、それでもそんなきびしい指導をびしびしと叩《たた》きこまれていたのですから、硫黄島守備隊の果敢な奮戦のあとの玉砕《ぎょくさい》の報には、はげしいショックとともに、悠久の大義に生きるとはこのことなんだと、強い感動をうけたことを覚えています。

この「武士道というは……」という言葉は、山本常朝《つねとも》という学者的武士が書いた『葉隠《はがくれ》』という古典にあることは、ご存じの方が多いことでしょう。わが中学生時代には、わからないままに、とにかく読まされたように思うのですが、この言葉のほかに何が書かれていたか、さっぱり記憶にありません。

長じてあらたに読む機会があったりしまして、この書物が三百年ほど前の十八世紀前半に書かれたものであることを学び直しました。

『葉隠』は、いまはほとんど話題にものぼりませんが、戦時下においては必読書のひとつとして、さかんに読まれ論じられたりしていたと思います。一言でいって、死を武士道の極致《きょくち》とする表現の鋭さにおいて、おそらく他の追随を許さない空前絶後の書ではないか、と思います。

「武士道は死狂《しにぐるい》なり」

「武士たるものは武勇に大高慢をなし、死狂の覚悟なり」

「武辺《ぶへん》は敵を討取《うちと》りたるよりは、主君の為《ため》に死にたるが手柄《てがら》なり」

などと、死ぬことを絶讃する凄絶《せいぜつ》な言葉がちりばめられていて、その総括《そうかつ》として「武士道というは死ぬ事と見付けたり」があるのです。戦時中は、たしか引用の三番目の「主君」を「天皇」として教えられたように思われるのですが、多分間違ってはいないと考えています。

中学三年生にして、死を大和魂の極致と胸奥《きょうおう》に本気になって刻《きざ》みこんだわけですから、いよいよ本土決戦となり、敵米兵が本土に上陸してきたら……そうです、もっと戦争末期になって手渡されたパンフレット「国民抗戦必携」が、突然、思いだされてきました。

「銃、剣はもちろん刀、槍、竹槍から鎌、ナタ、玄能《げんのう》、出刃庖丁《でばぼうちょう》、鳶口《とびぐち》に

本土決戦に備えて行なわれた竹槍訓練（写真：共同通信社）

至るまで、これを白兵戦闘兵器として用いる。刀、槍を用いる場合は斬撃《ざんげき》や横払いよりも、背の高い敵兵の腹部目がけてぐさりと突き刺した方が効果がある」

「鎌、ナタ、玄能、出刃庖丁、鳶口などを用いるときは、後ろから奇襲すると最も効果がある。背後からの急襲は卑怯《ひきょう》ではない。敵はわが神土《しんど》へ土足で入りこんだ無礼者《ぶれいもの》である。正面から立ち向った場合は半身《はんみ》に構えて、敵の突きだす剣を払い、瞬間胸元に飛びこんで刺殺する」

こうやって当時の資料を書き写していると、何ともいえぬ心持《こころもち》になってきます。「武士道というは死ぬ事と見付けたり」で、本気で陸軍中央は、かりに夢であってもあり得ない、こんな阿呆《あほ》なことが、国民に、とくに三年生以上の中学生に〝できる〟と考えていたのか。

もし本土決戦が行なわれたなら、たしかに「一億総特攻」の地獄図が実現し、国民の屍《しかばね》が累々《るいるい》としてこの国の美しい山河を埋めたことはたしかです。そこにあるのは民族絶滅・祖国喪失《そうしつ》のみではなかったでしょうか。

特攻作戦中止、帰投せよ

——伊藤整一《せいいち》

硫黄島の壮烈《そうれつ》な戦闘と玉砕《ぎょくさい》に、日本国民の涙のかわかない四月一日、ものすごい大兵力を投じて、米軍は一気に沖縄への上陸作戦を敢行してきました。

戦艦十数隻《せき》をはじめ艦艇千三百十七隻、航空母艦に載《の》っかった飛行機千七百二十七機。上陸部隊は海兵隊二個師団、陸軍部隊二個師団を基幹とする十八万二千人。ひしめき合う上陸用舟艇《しゅうてい》に、嘉手納《かでな》沖の海面は埋まりました。防衛省や沖縄県の資料によると、結局、沖縄攻略作戦に従事した米軍の総兵力は、五十四万八千人にのぼったといいます。

迎え撃つ日本陸上部隊は、牛島満《うしじまみつる》中将が指揮する第三十二軍六万九千人余、大田実《みのる》少将の海軍陸戦隊八千人余の、合計七万七千人でした。寡兵《かへい》もいいところです。仕方なく満十七歳から四十五歳までの沖縄県民二万五千人を動員しました。

男子中学校の上級生（満十五歳以上）千六百人もこれに加えられます。さらに女学校の上級生六百人も動員されました。これが「ひめゆり部隊」「白《しら》梅《うめ》部隊」としてのちに知られるようになったのは、ご存じのとおりです。

沖縄を占領されれば、つぎは本土決戦です。その準備はできていませんから、とにかく沖縄で時をかせいで頑張ってもらうしかないのです。

といって、制空権・制海権を奪《と》られていますから、本土から陸軍の大部隊の援軍を送ることはもうできません。さらに読谷《よみたん》、嘉手納、小禄《おろく》、伊江《いえ》の沖縄の日本軍の飛行場は、すでに猛攻撃をうけて壊滅《かいめつ》しています。いきおい本土の九州を各基地として、飛行機による十死零生《じっしれいせい》の特攻攻撃をかけるほかはないのです。

大本営《だいほんえい》はここに沖縄防衛のための天号《てんごう》作戦を下令、杉山元《げん》陸相は全国民にむけて勇《いさ》ましい談話を発表しました。

「肉を斬らせて骨を断つ。これが日本剣道の極意である。戦争の極意もまた然《しか》りである。かならず敵を殲滅《せんめつ》して宸襟《しんきん》（天皇の心）を安んじ奉《たてまつ》る」

軍艦をほとんど失っている海軍もまた、敵の骨を断つべく、できるかぎりの総力をあげて天号作戦を実施しました。すなわち四月六日の天一号作戦を皮切りに、動ける攻撃機を結集しての特攻に総力をあげたのです。

このとき問題となったのは、まだ戦闘力をわずかに保持して瀬戸内海にその巨大な姿を浮かべている戦艦大和をどうするか、でありました。

大艦巨砲の戦いではなく、制空権の奪い合いの戦いとなっている太平洋戦争では、巨大戦艦の使い道はもはやほとんどありません。といって、このまま降伏して、戦利品としてアメリカにとられて、ハワイ沖に浮かぶ戦勝記念館などの見世物《みせもの》になった、なんていうことは、海軍にとっては、耐え難い屈辱《くつじょく》以外のなにものでもありません。

さりとて、水上部隊最後の決戦として、航空特攻作戦の成否にかかわらず、沖縄への突入戦を強行すれば、目的地到達前に壊滅するのは決定的です。

いちばん強かった案としては、本土決戦に備えて陸上に押しあげて、でかい大砲を敵の上陸船団目がけてボカンボカンと撃って終末を飾ろう、というものであったと思います。それが最高の使い道ではないかと。

海軍中央部では大激論がかわされました。が、結局は、及川古志郎《おいかわこしろう》軍令部総長が天号作戦について昭和天皇に奏上《そうじょう》したさいに、天皇が質問しました。

「航空部隊だけの総攻撃なるや」

これにたいして、

「海軍の全兵力を使用いたします」

と、及川が答えたことが万事《ばんじ》を決定してしまいました。戦艦大和の運命はここに定まったのです。

連合艦隊参謀長草鹿龍之介《くさかりゅうのすけ》中将が、このことを徳山《とくやま》沖に在泊《ざいはく》していた大和に赴《おもむ》いて、大和を中心とする第二艦隊司令部に説明したのが四月六日早朝のこと。第二艦隊司令長官伊藤整一《せいいち》中将は、この無駄な作戦をなかなか承諾しなかったといいます。

昭和三十五年（一九六〇）冬、草鹿さんはわたくしの取材に答えてくれました。伊藤長官はこういったといいます。

「いったいこの作戦にどういう目的があるのか。また、成功の見通しを連合艦隊はどう考えているのか。成功の算なき無謀としかいえない作戦に、それを承知で七千の部下を犬死させるわけにはいかない、それが小官の本意である」

草鹿は黙って聞いていましたが、やがてポツリといったといいます。

「これは連合艦隊命令であります。要は大和に一億総特攻のさきがけとなってもらいたいのです」

伊藤はしばし草鹿を睨《にら》みつけていましたが、やがて表情をやわらげて、

「それならわかった。作戦の成否はどうでもいい、死んでくれ、というのだな。もはや何をかいわんやである。了解した」

とうなずき、さらに一言、

「もし途中にて非常な損害をうけ、もはや前進不可能という場合には、艦隊は如何《いか》にすればいいか、判断は私に任せてもらうがいいか」

草鹿は一言もなく、伊藤の眉宇《びう》に期するものがあるのを認めました。そして、NO《ノー》ということもできずにじっと伊藤の顔を見つめていただけであった、と草鹿が語ってくれたことを思いだします。

草鹿の報告をうけて、この日の午後に、連合艦隊司令長官豊田副武《とよだそえむ》大将が訓示を発しました。

「海上特攻隊を編成し、壮烈無比の突入作戦を命じたるは、帝国海軍力をこの一戦に結集し、光輝《こうき》ある帝国海軍海上部隊の伝統を発揚《はつよう》するとともに、その栄光を後昆《こうこん》に伝えんとするに外《ほか》ならず」

明治建軍いらいの海軍の栄光を、そして見敵必戦《けんてきひっせん》の伝統を、歴史のなかに残すために、全滅を覚悟して突入せよ、ということです。

四月七日朝、大和と一緒に「自殺行」出撃していくのは軽巡洋艦《じゅんようかん》一隻、駆逐艦八隻の、合わせてわずか十隻。折から桜花爛漫《おうからんまん》たる春。春霞《はるがすみ》に包まれた豊後《ぶんご》水道を出て太平洋へ。将兵たちの目には桜がどんなふうに眺《なが》められたのでしょうか。

二時間余の奮戦ののちに、この日の午後二時すぎ、空からの猛攻をうけ大和は沈みました。軽巡洋艦矢矧《やはぎ》と四隻の駆逐艦も前後して海中に没します。大和艦上の伊藤長官は、もはやこれまでと思ったとき、「駆逐艦に移乗して、沖縄へ突っ込むべきです」という参謀たちの進言をしりぞけて、まだ海上に浮いている駆逐艦長あてに命令を発しました。

「特攻作戦を中止す。内地《ないち》へ帰投すべし」

これをうけた駆逐艦は四隻のみです。その名を残しておきましょうか。雪《ゆき》風《かぜ》、初霜《はつしも》、冬月《ふゆつき》、涼月《すずつき》の四隻です。いい名前ですね。これらは作戦中止命令をうけると同時に、空襲のやんだ合間をぬって、海上に浮いている生存者の救助にかかり、大和の生き残りも、ほかの艦の生き残りも全員を、海上から救いあげました。もし伊藤の中止命令がなければ、そのまま沖縄へ突っ込んでいき、ほんとうに全滅するところでした。

大和の乗組員三千三百三十二名のうち戦死は三千五十六名。他の艦も合計すると、四千三十七名がこの特攻作戦で戦死しました。これは、八月十五日までの飛行機の特攻隊の陸海合計の死者数四千六百余人に近い死者数でした。それもたった一日で。何ともいいようがありません。

伊藤は幕僚《ばくりょう》たちとの別れを終え長官室に入ると、内側から錠《じょう》をおろしました。上からの命令に反するかのような意志決定によって、生き残った多くの部下たちを救い、みずからは生きようとしなかったのです。

もし伊藤の中止命令がなければ……と思うと、「武士道というは死ぬ事と見付けたり」という言葉がはたして日本人に何をもたらしたか、沈思《ちんし》せざるを得ないのです。

戦艦大和の最期。大爆発をおこし、坊ノ岬沖に沈んだ
（写真：近現代PL／アフロ）

沖縄県民斯《か》く戦へり

――大田《おおた》 実《みのる》

攻防の大激戦がつづく沖縄で、昭和二十年（一九四五）六月六日付の、沖縄方面特別根拠地隊（陸戦隊）の司令官大田《おおた》実《みのる》少将が発した海軍次官あての電文を読むたびに、わたくしは粛然《しゆくぜん》たる想《おも》いにかられるのです。これほど尊くも悲しい報告はないと考えるからです。

原文は片カナですが、読みやすくするためにひらガナに改め、また句読点もほどこして、沖縄県民に関する大事なところの全文をあげます。これはいいところ採《ど》りの抜粋ではなく、ぜひとも全部を読んでほしいと考えるからです。

「沖縄県民の実情に関しては、県知事より報告せらるべきも、県には既《すで》に通信力なく、三十二軍司令部又《また》通信の余力なしと認めらるるに付《つき》、本職県知事の依頼を受けたるに非《あら》ざれども、現状を看過《かんか》するに忍びず、之《これ》に代って緊急御通知申《もうし》上《あ》ぐ。

沖縄島に敵攻略を開始以来、陸海軍方面防衛戦闘に専念し、県民に関しては殆《ほとん》ど顧《かえり》みるに暇《いとま》なかりき。然《しか》れども本職の知れる範囲に於《おい》ては、県民は青壮年の全部を防衛召集《しょうしゅう》に捧《ささ》げ、残る老幼婦女子のみが相次ぐ砲爆撃に家屋と財産の全部を焼却せられ、僅《わずか》に身を以《もっ》て軍の作戦に差支《さしつかえ》なき場所の小防空壕に避難、尚《なお》砲爆撃下（三文字不明）風雨に曝《さら》されつつ、乏《とぼ》しき生活に甘んじありたり。而《しか》も若き婦人は率先《そっせん》軍に身を捧げ、看護婦烹炊《ほうすい》婦はもとより、砲弾運び挺身斬込《ていしんきりこみ》隊すら申出るものあり。所詮《しょせん》敵来《きた》りなば老人子供は殺されるべく、婦女子は後方に運び去られて毒牙《どくが》に供《きょう》せらるべしとて、親子生《いき》別《わか》れ、娘を軍衛門に捨つる親あり。

看護婦に至りては、軍移動に際し衛生兵既に出発し、身寄り無き重傷者を助けて（二字不明）、真面目《まじめ》にして、一時の感情に駆《か》られたるものとは思はれず。更《さら》に軍に於て作戦の大転換あるや、自給自足、夜の中《うち》に遥《はるか》に遠隔《えんかく》地方の住民地区を指定せられ、輸送力皆無《かいむ》の者、黙々《もくもく》として雨中を移動するあり。之を要するに、陸海軍沖縄に進駐以来、終始一貫、勤労奉仕物資節約を強要せられつつ（一部はとかくの悪評なきにしもあらざるも）只管《ひたすら》日本人としての御奉公《ほうこう》の護を胸に抱《いだ》きつつ、遂《つい》に（数文字不明）ことなくして、本戦闘の末期と沖縄島は実情形（数文字不明）、一木一草焦土《いちぼくいっそうしょうど》と化せん。糧食六月いっぱいを支ふるのみなりと謂《い》ふ」

大田はこのように、沖縄戦においていかに県民が忍耐《にんたい》我慢の極限において軍に協力し、困難をものともせずに沖縄防衛のために働いたかをきちんと報告し、最後にまことに貴重な一行を残したのです。

「沖縄県民斯《か》く戦へり。県民に対し後世特別の御高配を賜《たまわ》らんことを」

この日から一週間後の六月十三日、大田は小禄《おろく》地区豊見城《とみぐすく》にあった司令部内で自決して果てました。圧倒的な大兵力の米軍に包囲されて、戦勢はもう絶望、明日をも知れぬときに、この電報を東京に打ったことになります。

そんなときに「沖縄県民斯く戦へり。県民に対し後世特別の御高配を賜らんことを」と、非戦闘民にたいする美しい心遣《こころづか》いを示した軍人のいた事実を、わたくしたちは大いに誇っていいと思うのです。

あらためて書くまでもないことですが、四月の米軍上陸いらいの沖縄攻防戦は、大日本帝国にとっては、本土決戦準備のための時間稼《かせ》ぎであったのです。沖縄戦の作戦を立案した防衛軍（第三十二軍）参謀八原博通《やはらひろみち》は、戦後に「本土決戦を有利ならしむる如《ごと》く行動」「戦略的には持久《じきゅう》戦」と著書に記しています。そのために軍は、県民を「軍官民共生共死」のスローガンのもとに苛烈《かれつ》な戦闘にまきこんだのです。

日本軍は昭和十二年（一九三七）に始まった日中戦争このかた、常に軍の作戦を至高至上のものとし、日本国民はただそれに従うべきものときめ、この長い戦争を戦いつづけてきたのです。沖縄戦はまさにその典型でした。一言でいえば、沖縄は本土の盾《たて》にされ、県民は軍の盾にされて、非情の死を遂

沖縄戦で那覇市内を進むアメリカ兵。日本兵からの狙撃を避けるため、民家が焼かれた　（写真：AP／アフロ）

げなければならなかったわけなのです。

『沖縄大観』によると、県民の四分の一にあたる約十五万人が死亡したことになっています。もっとも正確な数字はわからないらしく、諸説があるようですが。それにしても、本土決戦の準備のためとはいえ、あまりにも大きな犠牲というほかはありません。

悲しい事実は現代にもつづいています。六月二十三日の沖縄全戦没者追悼《ついとう》式のときに、歴代の首相は挨拶《あいさつ》のなかで、きまって「県民の心に寄り添って」といいます。そして美辞麗句《びじれいく》で哀悼《あいとう》の意を表しますが、ついぞ国家としての謝罪をのべたことはないのではないか。わたくしはそう思うのです。しかも、いまの自民党政権たるや工事費一兆円以上をかけて辺野古《へのこ》の米軍新基地の建設を、沖縄の人びとの心のうちを無視して強行しているのです。

大田少将の最後の訴えは、いったいどこへいったのでしょうか。

三枝昂之《さいぐさたかゆき》といういま活躍している歌人がいます。二〇二〇年度の迢空《ちょうくう》

（折口信夫《おりくちしのぶ》）賞を受賞した人で、かれがじつに見事に、いまの悲しい事実を三十一文字にまとめています。

「沖縄県民斯ク戦ヘリ」
「リ」は完了にあらず県民はいまも戦う

まったくこの短歌のとおり。沖縄県民の戦いは、戦後七十五年たってもまだつづけられている、わたくしはそう思うのです。

しかし――
捕虜《ほりょ》にはなるな

――西平英夫《にしひらひでお》

昭和二十年（一九四五）六月十八日、沖縄ひめゆり学徒隊の隊長西平英夫《にしひらひでお》のもとに、陸軍の野戦病院長より電報命令がとどけられました。沖縄攻防戦は最終段階を迎えたのです。陸軍の第三十二軍司令部は〝時間稼《かせ》ぎの戦闘はもうこれまで〟と、覚悟をこの日に固めたのでしょう。

「学徒動員は本日をもって解散を命ずる。自今行動は自由たるべし」

沖縄第一高等女学校と沖縄師範学校女子部の生徒によって組織されているひめゆり部隊は、それまでに死者十九名、ほか負傷者多数をだしていたのですが、なお約百八十名の隊員が残っていました。彼女らは学徒動員によって召集《しょうしゅう》され、大田少将の電報に記されているように、看護婦として野戦病院で身を捧《ささ》げて働いていたのです。

隊長である先生の西平は、壕《ごう》内に全生徒を集めて軍の解散命令を伝え、別れの訓示をしました。その夜、沖縄の戦場は青白い月明のもとにかがやいていたといいますから、生徒たち一人ひとりの顔がよく見分けられたことでしょう。

「皇軍の必勝を期して頑張ってきたけれど、残念ながらこんな結果になってしまった。今となっては、われわれに残されている道は国頭突破《くにがみ》しかない。……皆がひとかたまりになって行くわけにはいかないから、それぞれ四、五名の班をつくって行くことにする。……しかし、戦線突破は決してやさしいものではない。もし誰かが傷ついて動けないようなことがあったら捨てて行け。戦争というものは不人情なものだ。……不幸にして負傷した場合には、負傷者もその点はよく覚悟をしなければならない。ひとりの負傷者のために皆死んでしまってはなんにもならない。ひとりでも多く生き残らねばならない」

訓示する先生もつらかったでしょうが、聞いている女学生のほうがもっとつらく、悲しく、はげしく胸に迫るものがあったといいます。そして最後に西平はこうつけ加えます。

「ひめゆりの塔」。ひめゆり学徒や陸軍病院関係者が亡くなった
伊原第三外科壕の上に建立された（写真：小田洋二郎／アフロ）

「しかし――捕虜《ほりよ》にはなるな」

捕虜になった沖縄女性に関する記事を、戦場で刷《す》られたタブロイド判の新聞「沖縄民報」（「沖縄新報」か？）で、女学生たちは読んでいました。

生命を惜《お》しんで敵陣に走って捕虜となった女性たちが、多くの米兵にさんざんもてあそばれた末に、軍艦にのせられて、毎夜のように彼女たちの悲しい歌声が海上に流れている、ということを女学生たちは知っていました。

何とか生き残れ、しかし捕虜にはなるな。この大きな矛盾《むじゆん》を、彼女たちは当然のことと胸にうけとめました。つまりは、いざというときには〝死んでくれ〟といわれているにひとしいことなのです。

もちろん、タブロイド判「沖縄民報」の記事はいまになればいわゆるフェイクニュース、虚偽《きよぎ》の報道であることはわかります。常識で考えれば、米軍がそんな非人道的なことをするはずはありません。

戦時下には、しかし、非戦闘員の士気を萎《な》えさせないために、闘争心をかき立てるために、さまざまな流言飛語《りゅうげんひご》が飛びかいました。あるいは大小の戦争指導者たちが意図的にでっちあげて、流したものが多くあったことは事実なのです。

当時十五歳のわたくしも同じような体験をしています。勤労動員で工場で働いているとき、先生や軍国おじさんからしょっちゅういわれていました。

もし日本が降伏するようなことになったら、連合軍がやってきて、女たちはみんな凌辱《りょうじょく》され、男たちは全員が奴隷《どれい》にされる。お前たちは南の島かカリフォルニアへ連れていかれ、死ぬまで重労働させられるのだ、いいか、わかったか、と。それをわたくしたちは本気で信じていました。

これなんかも、タブロイド判「沖縄民報」の記事に勝るとも劣らないフェイクニュースであったと思います。

日本の敗戦が決定した八月十五日の夜、工場から家に帰ったわたくしはかなり意気消沈していました。祖国敗亡がしみじみ悲しく思え、どこかさっぱりした顔をしている父にこう聞いたのを覚えています。日本人の男は全員、カリフォルニアかハワイに送られて一生奴隷に、女は鬼畜《きちく》のアメ公の妾《めかけ》にされるんだよね、と。

わが父は一喝《いっかつ》しました。

「バカもん。なにをアホなことを考えているんだ。日本人を全員カリフォルニアに引っぱっていくのに、いったいどれだけの船がいると思っているのかッ。そんな船はアメリカにだってない！」

「日本人の女を全員アメリカ人の妾にしたら、アメリカ本国の女たちはどうするんだ。納得するはずがないじゃないか。馬鹿野郎ッ」

このオヤジどのの言葉に、わたくしは目が覚めたのを、いまもよく覚えています。

少々脱線しました。戦争末期に、いかに流言飛語が日本人の行動に大きな影響を与えたか、これでおわかりいただけるでしょう。

さて、元へ戻って、六月十九日午前一時、ひめゆり部隊の女学生たちの、月明下の脱出がはじまりました。

「先生、行きます」

「気をつけて行けよ」

あとにつづくのは米軍の砲弾の炸裂《さくれつ》音と、幾筋《いくすじ》もの赤い火箭《かせん》でありました。米軍は闇《やみ》に動くのが女学生とはつゆ知らなかったのです。壕は次第に空間を多くしていき、底知れぬ闇のなかにいつか静まっていきました。

その後のことは、ひめゆり部隊の記録が伝えています。戦死百余名、生き残ったもの六十余名と。沖縄の戦いの県民の悲惨《ひさん》とは、いわば共通してこのようなものでありました。

予《よ》の判断は外れたり

——河辺虎四郎《かわべとらしろう》

つい先ごろ、ある俳句雑誌でこんな句を見つけて、思わず唸《うな》ってしまいました。

八月や六日九日十五日

作者名も書いてありましたが、あえて記さないことにします。なぜなら、この話を友人の俳人にしたら「その句はネ、『八月や』を、『八月は』『八月の』『八月に』などと変えて、いろいろな人がつくっている句でね、俳句の世界ではすこぶる有名なんだよ」と教えられたからです。

ところが、いま若い人にこの句を示しても感ずるどころか、何ですかこの句は？　これでも俳句なんですか？　という顔をされる。三つの日付がピンとこないようです。ということは、この日にあった歴史的大事はすべて遠くに消え、忘れられてしまった出来事なのでしょう。

昭和史や太平洋戦争についてある程度の知識をもつ人は、六日のヒロシマ、九日のナガサキ、十五日の天皇放送と句意がすぐにわかり、わたくし同様にある種の感慨《かんがい》を示すのですが。

じつは、わたくしはこの九日に、アメリカの長崎への原爆投下だけではなく、不法なる対日宣戦布告と同時に、ソ連軍の満洲《まんしゅう》への怒濤《どとう》のような侵攻を加えて、思わずウムと唸《うな》ったのです。

それは、当時の日本の政治指導層が、ソ連を仲介《ちゅうかい》とする和平工作に全面的に頼っていた事実があるからです。

東京・大阪ばかりではなく、もう日本全土の都市という都市が焼野原となり、戦争をこれ以上つづけることは、日本人すべて玉砕《ぎょくさい》し、国家の完全滅亡しかない。そういう段階にまで追いつめられていたゆえの、溺《おぼ》れるものはワラをもつかむの、そのワラがソ連であったのです。その根拠に昭和十六年（一九四一）四月に締結《ていけつ》した日ソ中立条約がありました。条約の有効期間は五年間、したがって二十一年（一九四六）四月まで条約は厳として存在しているではないか、と。

事実をたずねれば、陸軍中央部も満洲との国境線へソ連軍が増強されていることを知りながら、ソ連軍はナチス・ドイツとの戦いで多大な損害をうけている。その傷が癒《いや》されぬままに、対日武力発動に踏み切る公算は小さい。それに九月に満洲に侵攻すれば、二カ月で冬を迎えねばならず、冬季作戦は非常に困難をともなう、などなど。それらをあわせて考えれば、年を越して春になってから侵攻するほうが戦理に合致しているのではないか。そう楽観的に考えていたのです。

しかし、ソ連は国際法を無視して条約を踏みにじり八月九日午前零時を期して、満洲への侵攻を開始したのです。日本政府が意図した〝ソ連を仲介に〟した降伏条約の緩和による終戦への道は、白昼夢《はくちゆうむ》にひとしくなりました。政府も腰をぬかさんばかりにびっくりしたでしょうが、それよりも陸軍中央部です。

九日朝まだき、いち早く関東軍からの報告をうけ、断固たる徹底抗戦をかかげて、戦争遂行の全指揮をとる参謀本部作戦課は、この悲報をどううけとめたでしょうか。楽観は消し飛んだのです。

参謀本部第一部長宮崎周一《しゅういち》中将のこの直前の日記には「ソ連は八、九月対日開戦の公算大であるが、決定的にはなお余裕あり」と記されていましたが、それだけにソ連侵攻の衝撃は、あまりにも大きすぎたようです。

侵攻してきたソ連軍の兵力は、陸軍の将兵百五十七万余、戦車・自走砲計千五百百輛、攻撃機は海軍の掩護《えんご》をふくめて四千六百五十機。とにかくものすごい大兵力です。国境線にこれだけの兵力が集結していながら、日本軍は気がつかなかったのでしょうか。いや、すでに書いたように、とうに承知していました。それなのに、ソ連軍は出てこないと楽観視していたのです。

その日の、参謀次長河辺虎四郎《かわべとらしろう》中将の手記があります。その冒頭に、

対日参戦し、満洲のハルビンを進むソ連の兵士たち
（写真：Everett Collection／アフロ）

「蘇《ソ》は遂に起《た》ちたり！　予《よ》の判断は外れたり」

と書かれています。この言葉は悲痛をとおり越しています。むしろ〝お人好し〟ぶりに滑稽《こっけい》感があるばかりです。軍上層部はそれほど情報収集能力、国際感覚が欠如《けつじょ》していた。独断と偏見に支配されていたのです。

でも、弁護するわけではありませんが、一部ではきびしく国際政治の動きに注視し、そこから正確な読みをしているものもいたことを、史料は示してはいます。参謀本部第二課の戦争指導班が研究して、その直前に作成した文書がそのひとつです。

ソ連参戦は不可避であるとし、早急に、突然に最後通牒《つうちょう》をつけて、米英の意向とかかわりなく「自主的に」参戦してくるであろう、とその文書は正確な判断をまとめあげていました。しかしそれはあくまでも「素案」であり、まとめられたのは八月七日のこと、局（部）長以上の決裁はうけていませんでした。

というわけで、陸軍中央部の参謀や部員たちすべてが、ソ連はでてこないと考えていたとはいえません。しかし、条約があるからとほとんどがそう楽観視していたのです。日本人の約束厳守、律義さにはあらためて感服、というよりも呆《あき》れるほかはない、といったほうがいいのでしょうか。

国際政治の非情さ苛酷《かこく》さを知らない日本人の愚直《ぐちょく》さもいいところで、日独伊三国同盟を守りすぎて、世界大戦の外側に脱《ぬ》けでて中立国であり得た機会を逸して、アメリカと衝突し、日ソ中立条約を頼みの綱として、ソ連仲介の和平に国家の運命をあずけたのですから、ソ連侵攻に腰をぬかしても、もはや何をかいわんや、ということになるのです。

でも、そんなむつかしい政治的そして軍事的理屈ではなく、よく考えてみると、「予の判断は外れたり」の裏には、いまの世にも通じる教訓があるようです。

つまり、当時の日本陸軍の戦争指導層の大半が楽観していたのは、正確にいうと、ソ連がでてきたら太平洋戦争における今後の全作戦構想（本土決戦）は壊滅《かいめつ》する、であるから、ソ連にはでてきてほしくはない。こうした強烈な「来たらざるを恃《たの》む」願望が、〝でてこないのではないか〟という期待可能性に通じ、さらにそれが〝ソ連軍は当然でてこない〟となった。つまり、起《おこ》ってほしくないことはゼッタイに起らないという、根拠のない確信になっていったのです。

これはわたくしたちがいまもよくやる考え方ではないでしょうか。自分にとって望ましい目標をまず設定して、実に上手な作文で壮大な、楽観的な空中楼閣《ろうかく》を描くのが、日本人は得意なんです。物事は自分の希望するように動くと考えるのです。

ソ連が満洲に攻めこんで来ることが目に見えていたにもかかわらず、攻めこまれたくはない。いま攻めて来たらこれは困る。と思うことがだんだんに〝いや、攻めて来ないのではないか〟〝大丈夫、ソ連は最後まで中立を守ってくれる〟と思いこむようになる。

情勢をきちんと分析すれば、ソ連が国境線に大兵力を集結し、さらにシベリア鉄道を使って、どんどん兵力を送りこんできていることは知っていたのですから、かならず参戦してくるとわかったはずです。なのに、攻めて来られると困るから来ないのだ、と自分の望ましいほうへと考え方をもっていってしまうのです。

考えてみると、日本人にかぎらず、人間というものがそうなのかもしれません。

完全な無策状態に追いこまれると、人はいつまでもその状況にはいられなくなります。何とかせねばならないとわかっていても、どうにもならない、となって、そこから逃れるために、いや現実は逃れることなどできないゆえに、自己欺瞞《ぎまん》にしがみつく。ソ連軍はゼッタイにでて来ないという思いこみです。来るはずはないという確信です。

もはやどうにも手の打ちようもない、という絶望的状況に陥《おちい》ったとき、人はいつでも根拠のない幻想でしかないことに、確信とか信念というものをみつけるもののようです。

とくに戦時下の日本人には、その傾向がまことに大なるものがありました。戦争の後半のいろいろな作戦がそうでした。心の奥の奥では、それが蜃《しん》気楼《きろう》でしかないと承知していながら、なんです。「予の判断は外れたり」という言葉はまさにその典型であるといえる、と思うのですが。

あとがき

これで連載はおしまいです。

ただし、たとえば「鬼畜米英」「玉砕《ぎょくさい》」「不惜身命《ふしゃくしんみょう》」など、戦時下でさかんに唱えられた言葉とか、昭和十九年（一九四四）十月、最初の神風《しんぷう》特別攻撃隊（特攻）の指揮官として敵空母に突っこんで散った関行男《せきゆきお》大尉の「俺はKA（家内）を守るために死ぬんだ」といったいい言葉などが、まだまだ数多く残っているのですが、とりあえず今回はこれで終了とさせていただきます。

これらすべてをまとめて一冊の本にして、いずれPHP研究所からだしていただこうかなと存念してはいるのですが、さて、どうなるでしょうか。なにせ九十歳の老骨《ろうこつ》となり、頭は耄碌《もうろく》してきているし、机の前に二時間も座っているともう疲労困憊《こんぱい》。自信をもってお約束はできかねます。

ま、それはともかく、ここまでの御愛読を心から感謝いたします。ありがとうございました。

戦争は、
国家を豹変させる、
歴史を学ぶ意味は
そこにある。

半藤一利

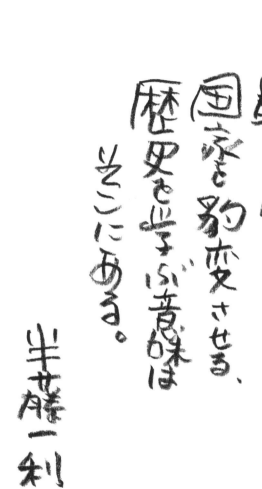

解説

半藤末利子

私の夫である作家の半藤一利《はんどうかずとし》は、近代史や戦記物を多く書き残しました。

夫もまだ若かったある日のこと、彼は誰かに「お前、戦争にも行かないくせによく偉そうに戦争のことが書けるな」と揶揄《やゆ》されました。

俄然憤慨《がぜんふんがい》した彼は、

「この野郎！　若すぎたから戦場には行かなかったけれど、俺だって戦争体験ぐらいあらー」

と、怒鳴り返して、命からがら逃げまどった自身の体験を書くようになりました。

夫の家は向島《むこうじま》にあり、商家でした。昭和二十年（一九四五）三月の東京下町大空襲の時には、向島の真上にも連合軍の爆撃機が飛来して、ボンボンと焼夷弾《しょういだん》を落としました。たちまち夫の家も焼け落ちました。

夫は、夫の父と二人で燃え盛る火から逃れ、川に向かって走り続けました。火の勢いはどんどん迫ってきます。その途中で夫は、焼け焦げた死体や赤ちゃんを抱っこしている女性の髪がメラメラと燃え上がる様子、つまり人間が燃えている光景を幾度となく目にしました。夫はとうとう父ともはぐれてしまいました。心細い限りですが、とにかく川まで走らなければなりません。

夫の母と妹と二人の弟は、一足先に茨城県の母の実家に疎開したので、この空襲には遭わずに済みました。

やっと川に辿り着くことができた夫は、溺れかけている人々の救助を手伝おうとして、逆に川の中に引きずり込まれてしまいました。追ってくる火の勢いからは逃れましたが、水中に入るとどちらが川面《かわも》か川底か見当がつきません。

水の中でしばらく藻掻《もが》いているうちに、履いていた長靴がするりと脱げ、それが沈んでいく方が川底なのだと気づきました。それで川面めがけて頭を出すと、おじさんが彼の坊主頭を摑《つか》んで、舟へ引き上げてくれました。こうして彼は、焼け死ぬことも溺死《できし》することもなく、生き残ったのです。

その後、燃え尽きた自宅付近ではぐれた父と再会し、お互いの無事を確認し合いました。二人ともどんなに嬉しかったことでしょう。

夫は紛《まぎ》れもなく、完璧な戦争体験者であり、しかも戦争犠牲者であります。


さてさて、夫より五歳年下の私は、その時何をしていたのでありましょうか。新しい環境と豪雪の脅威、それから想像を絶する空腹と闘っていました。

私たち一家は、昭和十九年（一九四四）十一月に住み慣れた東京を離れて、新潟県長岡《ながおか》市の郊外の父の生家の近くに疎開しました。十一月は越後で最も悪い季節です。雨期なのです。みぞれ混じりの冷雨が連日降り続き、やがてそれが雪に変わるのです。ここは豪雪地帯として有名でありますが、一晩で一メートルも積もる日もあります。既《すで》に二階建ての家屋がすっぽりと埋まってしまうほど、雪が積もっているというのに。

そういう朝には、母と二人でシャベルやコスキで新雪を払いのけ小さな段をきざみ（これも大仕事）、上級生に両手で雪の上に引っ張り上げてもらい、下からは母にお尻を押し上げてもらって、やっと道に出て学校に行きました。小学校三年生の女の子にはかなりこたえる作業でありました。

何よりも耐え難かったのは、空腹です。当時はとにかく食べるものがなく、というのは、周囲に住む農家の人々が排他的で「よそ者に売るものはない」と言って母に米や野菜を売ってくれなかったのです。

私は目がギョロギョロとして、やせ細っていました。私にとっての戦争というものは、飢餓《きが》との闘いでした。空腹ほど辛いものはない、と今でも思うのです。もちろん、殴られたり蹴られたりするのも辛いことでしょう。でも、空腹とは一種の暴力であることを、戦争は私に知らしめました。

それでも、夫が経験したように、火に追われたり溺死寸前になったりする恐怖とは比べ物になりません。ただ、私も一度、田んぼに囲まれたこの村で、幸か不幸か、太平洋戦争を、それも実戦を見る機会を得たのです。私が見たもの、それは長岡空襲の凄絶な戦火でした。

以下、私の著書『夏目家の糠《ぬか》みそ』に収録された「大空襲の夜」を抜粋し、少し読みやすく書き直しながら、ここに写すことをお許しください。

「その日、父母と姉と私は、父の生家、村松の本覚寺を訪れていた。盆参りという、寺としては一年中で一番大きな行事が催されたからである。夕食後、父は一人で帰宅した。当時中学生であった兄は勤労動員で、その夜、北長岡の軍需工場で働いていた。夜勤明けで帰宅する兄を出迎える者がいなくてはかわいそうだと、父は一里（四キロ）の道を歩いて帰ったのである。

その夜、私たち三人は早々と眠った。どのくらい経った頃か、周囲が騒々しくて目が覚めた。空襲警報のサイレンや飛行機の轟音で目が覚めたという記憶はない。

窓を開けると闇夜を旋回している色とりどりの電光がまず目に入った。星の数ほど無数に見えた。時々赤い火を噴いて、焼夷弾が自在に飛び交う電光から降ってくるのが見えた。なぜ爆撃機Ｂ29が赤青黄緑とさまざまな色の光を放ちながら爆撃していたのか、今もわからない。私にはＢ29が陽気に焼夷弾をまき散らしているように見えた。

地上からはメラメラと燃えたつ巨大な炎の柱が天を射るようにそびえ立ち、闇夜を真っ赤に染め上げた。街全体が炎に包まれるのを私は初めて見た。

あの大空襲で命を落とされた方、命からがら逃げまどっていた方を思えば不謹慎も甚《はなは》だしいが、その規模といい、華やかさといい、後にも先にもあれほど壮観な光景を私は見たことがない。息をのむほどに美しい眺めであった。兄があの火の中で死んでしまったに違いない、と母が言った。誰も哀しいとは思わなかった。肉親の死にも麻痺《まひ》して何も感じない異常な時代であった。私は怖いとも悲しいとも感じなかったが、歯の根が合わず全身が小刻みに震えていつまでも止まらなかったのをおぼえている。

昭和二十年八月一日、私が十一歳の時であった」


太平洋戦争が終わったのが昭和二十年八月十五日ですから、長岡空襲は終戦の直前ということになります。

まるで見通しのよい観客席に座って、じっくりとつぶさに、あたかも芝居やオペラを観賞するように、戦争、それも実戦を観る機会を得られたことは、私の人生にとって非常に大きな経験でした。夫は空襲の体験者ですが、私はその目撃者とでもいうのでしょうか。

今の長岡名物、花火で有名な八月の長岡まつりは、もともと長岡空襲の悲しい日を長岡市復興へのバネにするため、長岡市戦災復興祭として始まったと聞いています。戦争で中断した長岡の花火も空襲の翌年の夏には再開されたように思います。

長岡にいた頃、私も何回か夜空に開く華を見ました。しかし三尺玉だろうとスターマインだろうと、あの空襲の夜の強烈な華やかさには遠く及びません。長岡まつりの季節になると、私は花火よりも先に、大空襲の夜の悲しい美しさを思い起こしてしまいます。それが悲惨な戦争を経験した者の、辛い性《さが》ということなのでありましょうか。亡き夫も花火は大嫌いでした。花火を見ると、よく二人で不機嫌になったものです。

そうそう、長岡空襲で亡くなったかのように思われていた私の兄ですが、実は彼は生きていました。兄を心配した父が宮内駅（長岡駅の隣の駅）に行くと、焼け跡からヨロヨロと兄が現れたそうです。態度にこそ表しませんでしたが、兄と再会できた父の喜びははかりしれません。

その後、戦争も終わり、平和が訪れた頃、兄はある学友を家に招きました。それが、後に私の夫となる半藤一利でした。


夫が亡くなったのは、令和三年（二〇二一）の一月。彼は自分の死期を悟っていたのかもしれません。具合が悪くなるにつれて、

「あなたをおいて先に逝《い》くことを許して下さい」

と私に頻《しき》りに詫《わ》びるのでした。

そして、亡くなる日の真夜中、明け方頃だったかもしれません。

「起きてる？」

と、夫の方から声をかけてきました。

私が飛び起きて、夫のベッドの脇にしゃがみ込むと、彼はこう続けました。

「日本人って皆が悪いと思ってるだろ？」

「うん、私も悪い奴だと思ってるわ」

私がそう答えると、

「日本人はそんなに悪くないんだよ」

と言いました。そして、

「墨子《ぼくし》を読みなさい。二千五百年前の中国の思想家だけど、あの時代に戦争をしてはいけない、と言ってるんだよ。偉いだろう」

それが、戦争の恐ろしさを語り続けた彼の、最後の言葉となりました。


天災と違って、戦争は人間の叡智《えいち》で防げるものです。戦争は悪であると、私は心から憎んでいます。あの恐ろしい体験をする者も、それを目撃する者も、二度と、決して生みだしてはならない。それが私たち戦争体験者の願いなのです。

（エッセイスト）

編集後記

この本の原稿が私の手元に届いた時、まさかこれが「歴史探偵」半藤一利《はんどうかずとし》の遺作になるとは思いもよりませんでした。

半藤は、私の実の祖父にあたります。私が半藤一利の孫だと言うと、皆さん決まって「半藤先生ってどんなおじい様なのですか」と興味津々《きょうみしんしん》に聞いてきます。そして私も決まって、「普通のおじいちゃんですよ」と答えてきました。

孫には甘く、私が成人して晴れ姿を見せれば、ちょっと恥ずかしそうに目じりを下げる。お酒が好きで、私がお酌《しゃく》をすると、嬉《うれ》しそうに飲んでくれる。私にとって祖父は、長らくそんな普通のおじいちゃんでした。

私が編集者になりたいと伝えた時も、「そんなもん、やめとけ」と、笑って言われたのをおぼえています。それでも祖父は、本気で反対するわけでも、かといって賛成するわけでもなく、ただ応援してくれていました。

祖父が「普通のおじいちゃん」ではない、と肌で感じるようになったのは、私が編集者になってからです。出版界に身を置いて編集の仕事をしていると、祖父の存在、そして彼が書くものの尊さが身に染みてよくわかります。祖父は時折、作家として、そして編集者としての顔も見せてくれるようになりました。

それでも、私はまだ、本当の意味で祖父をわかっていなかった。この『戦争というもの』の原稿を読んだ時、それを思い知らされました。


この本は、半藤一利自身の手で企画されたものです。事の発端は、祖父の骨折。二〇一九年八月、未知のウイルスによる混乱がまだ起きていない頃、祖父は酒に酔い、すっ転んで脚の骨を折りました。救急車で搬送されて、そのまま入院。心配しながら苦言を呈《てい》しているであろう、祖母の渋い顔が目に浮かびました。

手術を受け、治療やリハビリを続けたのですが、状況は芳《かんば》しくなく、むしろ悪化していきました。祖父もその時、八十九歳でしたので、体力の消耗《しょうもう》に勝てなかったのかもしれません。入院したばかりの頃は欠かさず読書もしていましたが、入院やリハビリを繰り返す半年間のうちに、本を読む気力もなくなってしまったようでした。

そうこうしているうちに、謎の感染症が流行していき、もしかすると簡単に会えなくなるかもしれないと思った私は、急いでお見舞いに行くことにしました。

私が病室に行くと、祖父は少し痩《や》せてはいましたが、「おう、よく来たな」と、起き上がって話をしてくれました。母からは「最近はベッドで寝てばかりいる」と聞いていましたが、思いの外元気な様子でした。正直に言うと、この時何を話したかはあまりおぼえていません。今になるとそれも悔《く》や

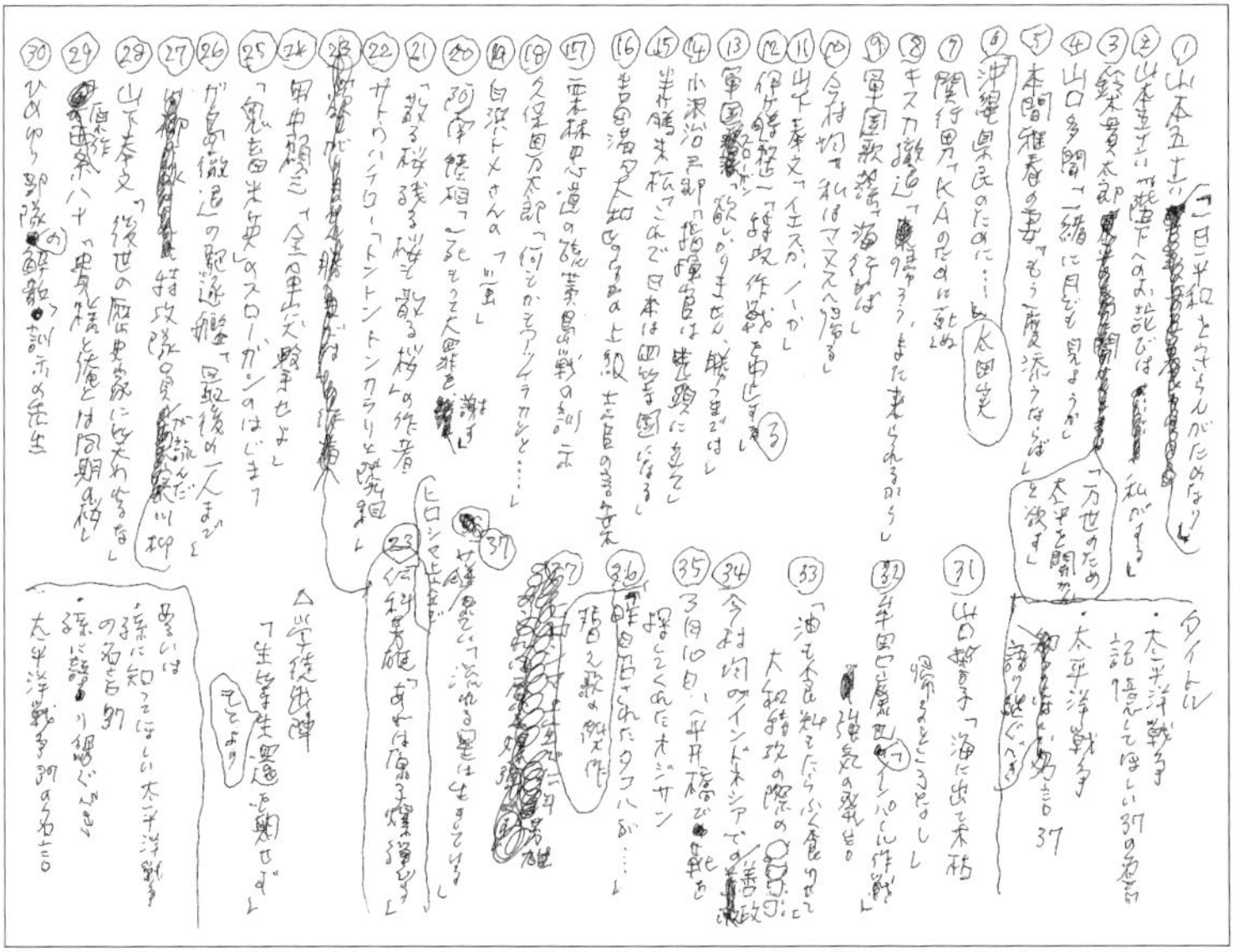

著者直筆の企画書

まれますが、きっと他愛もない話だったのだと思います。

私が帰った後、祖父は母に、

「俺、書こうかな」

と、ぽつりと言ったそうです。

その後、母を通じて私に一枚の紙が渡されました。そこには太平洋戦争下で軍人が発した言葉や流行したスローガンなど、「戦時下の名言」と称された言葉が隙間なく、びっちりと書かれていました。それは祖父が書いた「企画書」だったのです。そこに書かれていたタイトル案は、〈「太平洋戦争　記憶してほしい37の名言」、あるいは「孫に知ってほしい太平洋戦争の名言37」〉──。母から、祖父がこれを書く条件は、私が編集することだと聞かされました。

喜びよりも、戸惑いが先に立ちました。その頃には、私も編集者になって数年が経っていましたが、普段担当しているのは主に小説の編集で、完全に畑違いなのです。そんな私が扱っていい原稿なのか自信がありません。そのくらいには祖父の大きさを理解していました。しかも「孫に知ってほしい」なんて、完全に身内ネタです。本に書いて世に出さずとも、直接語ってくれれば良いのに。そんな企画があって良いのか、生意気にも編集者としても悩みました。

けれど、本も読めないほど気持ちが落ち込んでいた祖父が、再び本を書くために動きだした。何十冊も書いてきた祖父が、病院のベッドの上にいてもなお、書きたいことがある。それならば、と覚悟を決めました。

改めて話を聞きに行くと、私が病院につくなり祖父は、「今年は数え年でいうと、太平洋戦争開戦八十年で」と、企画主旨を滔々《とうとう》とプレゼンし始めました。その時の声は、とても力強く聞こえました。そして雑誌『歴史街道』での一部連載の後、加筆して書籍にするという算段がつき、祖父の企画は本格的に動きだしたのです。

二〇二〇年七月には連載が始まり、十一月に終わり、そして今年の一月に祖父は亡くなりました。企画段階では三十七あった「名言」ですが、実際に綴《つづ》られたのは雑誌に掲載された十四のみ。すべて書き切れなかったことだけは無念であったろうと、少し胸が痛みます。

きっと祖父は、これを最後の仕事にするつもりはなく、復帰後最初の仕事にしようと考えていたのではないかと思います。ただ、祖父も高齢でしたし、先があまり長くないことを意識してはいたのでしょう。だからこそ、いつながあっても良いように、戦争を知らない世代のために、これだけは今書き残しておかなければならないと、私にこの原稿を託してくれた。そう思います。

直接語ってくれれば良いのに、と思っていたこの企画ですが、結局コロナ禍で祖父とは自由に会うこともできなくなり、この原稿だけが私と祖父を繋ぐ「手紙」となりました。連載原稿が送られてきてそれを読むたびに、祖父の経験した戦争というものの壮絶さに胸が詰まりました。見たこともない戦火が、目の前に迫ってくるようでした。日常とはこのように壊されていくのかと、恐ろしくなります。

この本は、祖父が最後に私に手渡してくれた平和への願いそのものでした。本書が、祖父母から孫へ、戦争を知る世代から知らない世代へ受け継がれる、そんな一冊になることを、祖父とともに心から願っています。

編集担当　ＰＨＰ研究所　北村淳子

初出

本書は、『歴史街道』二〇二〇年八月～十二月号に「開戦から八十年―『名言』で読み解く太平洋戦争」として掲載された作品を加筆・修正したものです。

本文中、現在は不適切と思われる表現がありますが、差別的な意図を持って書かれたものではないため、作品発表時の表現をそのまま用いたことをお断りいたします。

〈著者略歴〉
半藤一利（はんどう かずとし）
昭和５年（1930）生まれ。作家。文藝春秋に入社し、『週刊文春』『文藝春秋』などの編集長を歴任。昭和史研究の第一人者として知られる。『日本のいちばん長い日　決定版』『聖断』『昭和史』など著書多数。令和３年（2021）１月逝去。

戦争というもの

2021年５月25日　第１版第１刷発行
2021年６月29日　第１版第３刷発行

著　者　半藤一利
発行者　後藤淳一
発行所　株式会社ＰＨＰ研究所
東京本部　〒135-8137　江東区豊洲5-6-52
第三制作部　☎03-3520-9620（編集）
普及部　☎03-3520-9630（販売）
京都本部　〒601-8411　京都市南区西九条北ノ内町11
PHP INTERFACE　https://www.php.co.jp/

組　版　朝日メディアインターナショナル株式会社
印刷所　大日本印刷株式会社
製本所　東京美術紙工協業組合

ISBN978-4-569-84965-2